LES
CARTES DES COTES DE POITOU
ET DE SAINTONGE

777

8°L¹⁷
100

ÉTUDE

SUR LES

CARTES DES COTES DE POITOU

ET DE SAINTONGE

ANTÉRIEURES AUX LEVÉS DU XIXᵉ SIÈCLE

THÈSE POUR LE DOCTORAT

Présentée à la Faculté des Lettres de l'Université de Paris

PAR

C. PASSERAT

Ancien élève de la Faculté des Lettres de Paris

NIORT

IMPRIMERIE NOUVELLE G. CLOUZOT

22, RUE VICTOR HUGO, 22

—

1910

INTRODUCTION

———

Les côtes sont soumises sans trêve à l'action de la mer,
qui tantôt les ronge par l'assaut de ses vagues poussées par
les vents de tempête, tantôt les accroît en déposant sur les
rivages et sur le fond des sables, des vases ou des galets qu'elle
emprunte au voisinage ou même qu'elle apporte parfois de
fort loin. De toutes les transformations que l'Océan fait subir
au littoral, les plus rapides et celles qui affectent les plus
grandes surfaces sont celles qui résultent du comblement des
baies, et de la formation de deltas à l'embouchure des fleuves
quand les circonstances locales le permettent. Nous assistons
à ces changements, dont l'importance est extrèmement variable
d'un point à un autre, sans pouvoir toujours nous rendre
un compte exact de leur valeur ; il est bien difficile d'évaluer
avec quelle vitesse une côte se transforme, lorsqu'on est
réduit pour faire cette évaluation, à ne posséder que des
observations d'une durée de quelques dizaines d'années. C'est
assez souvent le cas, car les levés hydrographiques de préci-
sion ne remontent guère au-delà de la première moitié du
XIXe siècle. En France, les premiers levés de cet ordre n'ont

1

débuté qu'en 1818, avec les campagnes de l'ingénieur hydrographe Beautemps-Beaupré. Ils ne se trouvent pas assez anciens pour qu'on puisse en tirer des conclusions fermes au sujet des modifications du littoral. Il y a nécessité, dans ces conditions, à recourir aux documents plus anciens. Ceux-ci sont de deux sortes : les cartes et les textes. Le plus souvent ils se prêtent un mutuel appui, les textes venant éclairer et préciser les renseignements contenus dans les cartes, dont ils rectifient à l'occasion les erreurs.

Nous nous proposons, dans l'étude qui suit, de montrer quel parti on peut tirer des cartes antérieures aux levés de précision du XIXe siècle. Le dépôt d'archives le plus riche à cet égard est celui du service hydrographique de la marine, à Paris. C'est de ce dépôt que nous avons tiré une grande partie des documents analysés dans le présent travail, qui ont trait au XVIIe et au XVIIIe siècle. La Bibliothèque Nationale, dans ses différents départements, aux imprimés, à la section des cartes, aux manuscrits, aux estampes, nous a fourni la plupart de ceux qui se rapportent aux époques antérieures, depuis les portulans jusqu'au cours du XVIIe siècle; nous y avons trouvé quelques originaux fort intéressants de levés qui manquent au service hydrographique. La section historique du ministère de la Guerre renferme les merveilleuses cartes de Masse, et la bibliothèque du dépôt des Fortifications ainsi que la Bibliothèque de l'Université, à la Sorbonne, nous ont fourni leur contingent de documents. Le dépôt des cartes et les archives de la marine à Rochefort, ainsi que les archives départementales de la Charente-Inférieure et la Bibliothèque municipale de la Rochelle ne nous ont pas fourni ce que nous espérions y trouver : les documents relatifs à nos recherches y sont rares et de médiocre importance.

Nous ne pourions songer à étendre notre enquête à tout l'ensemble des côtes de France. Celles du Poitou et de la Saintonge, en raison de leurs transformations rapides par l'apport des vases de la Gironde que charrient les courants côtiers et les marées, se prêtent particulièrement bien à ce genre de recherches. Nous sommes remonté jusqu'aux portulans du moyen-âge, mais sans avoir la prétention de faire une étude spéciale, une monographie de ces portulans : c'eût été sortir du cadre que nous nous étions tracé. Nous n'avons recouru à ce genre de sources que pour l'utiliser dans les limites où nous le jugions propre à éclairer l'histoire de nos côtes. Par contre, nous espérons avoir été à peu près complet en ce qui concerne les travaux des géographes du XVIᵉ et du XVIIᵉ siècle, qui méritent tous une étude approfondie qui n'avait pas encore été tentée au point de vue spécial où nous nous sommes placé.

CHAPITRE PREMIER

La côte d'après les Portulans

On ne saurait demander à la cartographie des portulans, des données exactes sur la configuration du littoral telle qu'elle se présentait à l'époque où ils furent dressés. Le petitesse de l'échelle à laquelle ils sont construits et les moyens rudimentaires dont on disposait alors pour effectuer les levés, ainsi que les procédés de dessin employés pour représenter les côtes empêchent de considérer ces documents autrement que comme des essais cartographiques très approximatifs, donnant seulement une idée d'ensemble d'une section de littoral. C'est surtout par la nomenclature des ports et des points remarquables des côtes qu'ils présentent de l'intérêt ; dans des régions à transformations rapides comme les côtes du Poitou, les changements que l'on constate dans la nomenclature sont intéressants à rapprocher de l'évolution même du littoral ; des ports envahis par les vases disparaissent des cartes, d'autres se montrent qui n'étaient pas encore mentionnés. Nous en rencontrerons plusieurs exemples en cours de route.

Le plus ancien portulan où soient représentées les côtes occidentales de France est celui qu'on désigne sous le nom de CARTE PISANE. L'original, conservé à la Bibliothèque nationale où il est exposé dans la Galerie des Chartes sous le numéro 444, a été reproduit en héliogravure dans *Choix de documents géographiques conservés à la Bibliothèque nationale*, par M. L. DELISLE, Paris, 1883, f°. Attribué d'abord au début du XIVᵉ siècle, il est aujourd'hui considéré comme datant de la seconde moitié du XIIIᵉ [1]. Le dessin est des plus primitifs ; si les côtes méditerranéennes sont reconnaissables, celles de l'Océan ne le sont plus. Le nord de l'Espagne est figuré d'une manière fort indécise, le littoral français, qui est comme aplati, fuit du S.-W. au N.-E. sans qu'on y trouve trace de la péninsule bretonne. Un seul nom de port figure entre la Loire et la Gironde, *Rocella* (la Rochelle). L'île d'Oléron est mentionnée sous l'indication *izula laira*, mais elle n'est pas représentée dans le dessin, non plus que les autres îles de la côte. Il est évident qu'à l'époque où ce portulan fut établi, les côtes de l'Océan étaient peu familières aux marins de la Méditerranée.

Il en est tout autrement à partir du XIVᵉ siècle. Le

---

1. KONRAD KRETSCHMER. *Die italianischen Portolane des Mittelalters*, p. 100. *Veröffentlichungen des Instituts für Meereskunde und des geographischen Instituts an der Universität Berlin. Heft 13. Feb. 1909.* Berlin, 1909. Cet ouvrage fort étendu constitue une monographie complète des portulans italiens depuis le XIIIᵉ jusqu'au XVIᵉ siècle. Nous y renvoyons pour toutes les références de détail qu'il nous a paru inutile d'insérer ici.

commerce italien, celui de Venise aussi bien que celui de Gènes [1], s'étend aux Flandres et à l'Angleterre, et il y a quelque vraisemblance que les amiraux génois au service de Philippe le Bel aient effectué des levés des côtes françaises [2]. Les cartes prennent dès lors un air de précision qui frappe [3]. La plus remarquable de toutes, qui est en même temps l'une des premières, a été construite par le Génois PETRUS VESCONTE en 1313, sous le titre suivant : PETRUS VESCONTE D'JANUA FECIT ISTA TABULAS ANNI DMI Mᵒ CCCᵒ XIIIᵒ. L'original est à la Bibliothèque nationale (Cartes) sous la cote : *Réserve Ge DD 687.*

La France y apparaît avec sa forme et ses proportions réelles, et malgré l'exiguïté de l'échelle, nombre de détails y sont consignés [4]. A l'embouchure de la Loire, dont le cours a un tracé W.-E, se trouve *San-Nazar* (Saint-Nazaire) ; en amont, sur le fleuve, est *Nantes*. Au sud de la Loire, la côte dessine une baie faiblement indiquée où s'ouvre le port de *Berne* (Bourgneuf), à côté duquel figurent *Goleto* (l'Etier de Méan) et *Nermoster* (Noirmoutier). Ces deux noms ne se trouvent pas absolu-

1. P. VIDAL DE LA BLACHE. *La Baya, note sur un port d'autre-fois.* Revue de Géographie, 8ᵉ année, 1885, t. XVI, p. 343.

2. Cf. CH. DE LA RONCIÈRE. *Histoire de la marine française,* t. I, *les Origines,* et : *l'Atlas Catalan de Charles V dérive-t-il d'un prototype catalan ?* (Bibl. Ecole des Chartes, LXIV, 1903, pp. 481-489).

3. La liste complète des portulans italiens se trouve dans KRETSCHMER, ouv. cité, pp. 166-147, et est accompagnée d'une bibliographie pour chaque carte.

4. Cette carte a fait l'objet d'une courte notice de M. G. MARCEL : *Note sur quelques acquisitions de la section des cartes et collections géographiques de la Bibliothèque nationale.* (Comptes rendus de la Société de Géographie de Paris, 1898, pp. 11 et suivantes.)

ment à côté des lieux qu'ils désignent, mais seulement dans leur voisinage. Sur cette carte, comme sur toutes les suivantes, on voit le nom de Noirmoutier inscrit sur le continent et non à côté de l'île de Noirmoutier. Celle-ci figure sous un autre vocable, *la Baia*. Dans la baie de Bourgneuf se montre un îlot sans nom, qui paraît correspondre à l'île de Bouin.

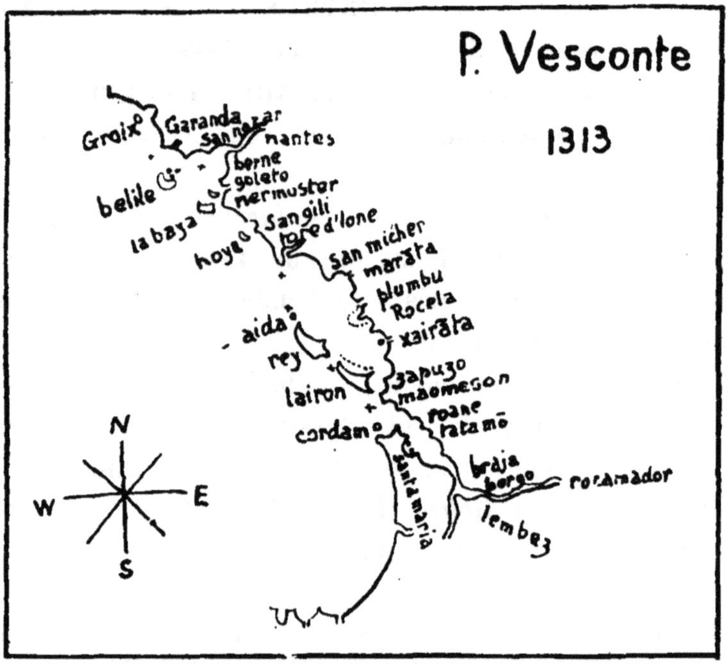

Fig. 1. — La côte d'après P. Vesconte. — Grandeur de l'original.

Ce nom de la Baia, qui était resté longtemps une énigme, est celui de *l'Abbaye blanche*, qui avait été édifiée au N. de l'île, à la place de l'ancien monastère détruit par les Normands ; sa couleur et sa position en faisaient un amer facile à reconnaître pour les navigateurs[1]. Des

1. P. VIDAL DE LA BLACHE, article cité, pp. 343-347.

récifs marqués d'une croix parsèment l'embouchure de la
Loire et la baie de Bourgneuf ; on y peut voir l'indication
des plateaux du Four, de la Banche et du Caillou. La
représentation de l'île de Noirmoutier, comme aussi des
autres îles, est conventionnelle et consiste en un triangle
curviligne. A partir de sa pointe sud, on voit le rivage
s'infléchir au sud-est en dessinant une série de festons ;
en face d'un saillant se montre l'île d'*Hoia* (Yeu), puis dans
la concavité qui suit s'ouvre le port de *San Gili* (Saint-
Gilles Croix de Vie) ; *Tor delona* (les Sables d'Olonne)
viennent ensuite, avec les rochers des Barges, qui en
précèdent l'entrée et que figure une croix. La côte file
ensuite vers la Sèvre niortaise, avec l'indication de deux
récifs, dont l'un correspond probablement à la pointe du
Grouin du Cou, à l'entrée du Pertuis Breton. La baie
d'Aiguillon, très faiblement indiquée, s'arrondit, en
montrant sur son rivage septentrional le port de *San micer*
(Saint-Michel en l'Herm) qui était encore à cette époque
fréquenté par les bateaux de mer. Sur la Sèvre, *Maranta*
(Marans) faisait un grand commerce. Au sud de la baie
d'Aiguillon s'avance le promontoire d'Aunis, échancré par
le port de *Plonbo* (le Plomb), aujourd'hui envasé, mais
qui fut très actif jusqu'à l'époque moderne, à cause de
l'excellent mouillage qu'offre aux navires la rade de la
Pallice, où il s'ouvre. Dans la baie qui se creuse au S. E.,
entre la pointe d'Aunis et Arvert, on trouve successivement *Roccla* (la Rochelle), l'embouchure de la Charente
(Xairanta) avec le port de *Zapuzo* (Soubise), puis *Maumeson*
(Maumusson) entre la côte d'Arvert et l'île d'Oléron. On
arrive alors à la Gironde, dont l'entrée est gardée par
l'îlot de *Cordam* (Cordouan) ; *Roani* (Royan), *Talamon*

(Talmont) et *Burgo* (Bourg-sur-Gironde) s'échelonnent le long de la rive droite de l'estuaire dont l'orientation S. E.-N. W. est bien rendue ; la largeur est seulement très exagérée. Sur la côte de Saintonge les îles sont bien à leur place : *Lairon* (Oléron) et *Res* (Ré) sont à peu près représentées avec leurs proportions vraies ; mais les deux îles sont dans le prolongement l'une de l'autre, ce qui supprime le pertuis d'Antioche ; entre les deux est figuré un récif, qui est probablement celui d'Antioche, à l'extrémité de la pointe de Chassiron. Au N. W. de l'île de Ré figurent les récifs des Baleines, et au large, dans l'ouest, sous le nom d'*Orcania*, le banc de Rochebonne.

La multiplicité et l'exactitude relative des détails que renferme ce portulan de 1313 pour la région qui nous occupe s'expliquent par l'importance commerciale des côtes du Poitou et d'Aunis au moyen-âge ; l'exploitation des salines y donnait lieu à un trafic considérable, les marines du nord et du midi s'y rencontraient ; les vaisseaux de la hanse venaient chercher du sel, ceux de Gênes et de Venise apportaient des produits de la région méditerranéenne [1]. Particulièrement fréquentée et connue des navigateurs, il est naturel qu'elle ait été convenablement cartographiée.

Sur presque tous les portulans qui suivent celui de 1313 on retrouve le même dessin et la même nomenclature en ce qui concerne les côtes occidentales de France.

Une CARTE ARABE, attribuée au XIIIe siècle et reproduite par M. Théobald Fischer dans le Recueil d'Ongania [2],

1. P. VIDAL DE LA BLACHE, article cité, p. 346.
2. *Raccolta di Mappamondi e carte nautiche del XIII al XVI secolo.* Venise, Ongania, 1881, f°. 15 fascicules.

carte n° 1 : *Fac simile della carta nautica araba (carattere maghrebino) del XIII secolo illustrata da Th. Fischer*, n'est que la réplique de celle de Vesconte, dont elle altère un peu le dessin ; mais certains détails sont servilement reproduits, comme, la ligne de points qui borde la côte orientale de l'île d'Oléron.

Un autre portulan de Vesconte di Genova, daté de 1318, et copié sur celui de 1313 [1], est moins exact que son prototype ; on y voit la Rochelle *(Rocella)* intercalée entre Saint-Michel en l'Herm et le Plomb ; Marans a disparu ; et entre le Plomb et la Charente figure un lieu dénommé *Xillanda*, qui semble être une mauvaise lecture de *Xairanta* ; cette erreur ne reparaît pas dans les cartes suivantes.

Celles de Dalorto (1325 ou 1330), de Dulcert ou Dulceri (1339), de Lorenziano Gaddiano (1351), l'Atlas catalan de Charles V (1375) sont toutes, pour nos côtes de France, des reproductions fort exactes de la carte de 1313. Aussi ne ferons-nous que les citer [2].

1. Reproduction héliogravée dans Ongania, fasc. 3.

2. Carte de Dalorto : *La carta nautica costruita nel 1325 da Angelino Dalorto*. Notizia di Alberto Magnaghi, Firenze, 1898, 8°, avec planche héliogravée.

L'original de la carte de Dulcert est à la Bibliothèque Nationale et la même bibliothèque en possède en plus deux héliogravures sous les cotes *Ge B 152* et *Ge B 696*. — Sur ces deux cartes, voir L. Gallois, *Sui mappamondi del Dalorto e del Dulcert*. Rivista geografica italiana, XII, 1, 1905. Le portulan de Dulcert dérive de celui de Dalorto. La nomenclature des côtes occidentales de France est la même dans toutes ces cartes depuis Vesconte. Ce sont des cartes génoises, que leur dérivés vénitiens ont ensuite modifiées (p. 7).

La carte de Gaddiano se trouve en reproduction héliogravée dans la collection Ongania, fascicule 5.

L'original de l'*Atlas catalan* de 1375 est à la Bibliothèque Nationale, département des manuscrits, sous la cote *ms. espagnols, n° 119*. Une reproduction héliogravée existe à la section des cartes : *Ge CC 49*. Cet

Des modifications portant non sur le dessin, mais sur la nomenclature, apparaissent dans la carte de Francesco Pizigani, datée de 1373 et publiée dans la collection Ongania, fascicule 6 [1]. C'est d'abord, sur la basse Loire, un lieu dit *Pulliarno*, qui ne peut guère être identifié qu'avec le Pellerin ; puis un nom, en partie illisible, commençant par *mar...*, dont nous n'avons pu trouver le correspondant dans les noms de lieu du pays, et un autre, que nous lisons *Angilef* (?) et qui est peut-être Bourgneuf. De même entre Noirmoutier et l'île d'Yeu figure un nom d'île à peu près illisible, et entre les îles d'Yeu et de Ré, un lieu dit *Coanef* (?) ; de même entre Oléron et Cordouan, l'île de *Marf*. Nous renonçons à interpréter ces rébus. Sur le continent le nom des Sables d'Olonne *(Tor d'olona)* est devenu par une faute de transcription *lora*. C'est le commencement d'une série de déformations qui vont aller en s'accentuant au cours du xve et du xvie siècles.

Sur un autre portulan du xive siècle, sans nom d'auteur, reproduit dans Ongania (fascicule 7), figurent des noms nouveaux, peu lisibles d'ailleurs ; la Rochelle *(lorizela)* est dédoublée, *Zapuzo* devient *Zaputo* ; le nom de l'île de Ré est indéchiffrable. Quant au dessin de la côte, il est fort imparfait et dénote une imitation malhabile du prototype.

A mesure que l'on approche des temps modernes, la

atlas a fait l'objet d'une étude de M. Ch. de la Roncière : *L'atlas Catalan de Charles V dérive-t-il d'un prototype catalan ?* (Bibliothèque de l'école des Chartes, LXIV, 1903, pp. 473-489). Nous donnons en appendice, à la fin de ce chapitre, la nomenclature comparée des principaux portulans italiens ou autres.

1. Une autre héliogravure se trouve à la Bibl. Nat. sous la cote Ge F 1172.

cartographie des côtes, au lieu de se perfectionner, devient de plus en plus mauvaise. Vivien de Saint-Martin avait déjà remarqué que les cartes des xve et xvie siècles étaient très inférieures comme exactitude à celles du xive, bien que leur nomenclature soit souvent plus riche [1].

Au portulan de VILADESTES, de 1413, dont l'original est conservé à la Bibliothèque nationale, et exposé dans la Galerie des Chartes sous la cote 445, succède en 1426 celui de GIACOMO GIRALDI DI VENEZIA [2] qui renferme à la fois des fautes de dessin et de nomenclature ; le contour des côtes poitevines s'altère, Marans et le Plomb sont placés sur la côte de Vendée, au sud des Sables d'Olonne, dénommés *lora* comme sur la carte de Pizigani. *Caranta* (Charente) devient *arat*, Maumesson *Maomerisso*, Bourg-sur-Gironde est placé au nord de Talmont. Des noms nouveaux prennent place, comme *Belle Sazilles*, entre Noirmoutier et Saint-Gilles, lieu inconnu ; *Sazilles* ne peut qu'être une corruption de San Gilli, qui figure ainsi sous deux formes différentes sur la même carte.

Ces défauts vont en s'aggravant dans les atlas d'ANDREA BIANCO [3] de 1436 et 1448. Le dessin est de plus en plus mauvais et il devient évident que depuis longtemps il n'est plus fait de nouveaux levés hydrographiques sur les côtes françaises ; on se transmet les travaux des devanciers en les copiant de plus en plus mal et en les déna-

1. *Histoire de la Géographie*, t. II, p. 404.
2. Publié dans Ongania, fascicule 8.
3. Ibidem, fascicule 9. — L'atlas de 1436 a fait l'objet d'une étude spéciale : *Der Atlas des Andrea Bianco von Iahre 1436 in zehn Tafeln (photographische Fac-simile in der Grœsse des Originals). Vollstændig herausgegeben* von MAX MUNSTEN *und mit einem Vorworte versehen von* OSCAR PESCHEL. Venedig, Münster, 1869, 4°, 15 pages.

turant. Sur les deux cartes de 1436 et 1448 la Gironde prend une orientation E. W. et la Sèvre Niortaise coule du N. au S. Olonne est placé sur le marais poitevin entre l'Aiguillon et Marans. Mais à côté de ces erreurs, les cartes de Bianco renferment des indications nouvelles : sur celle de 1436 on voit figurer pour la première fois Bouin *(Anboin)*, et deux noms de lieu difficiles à identifier, *Belas aguas* et *Beza*,

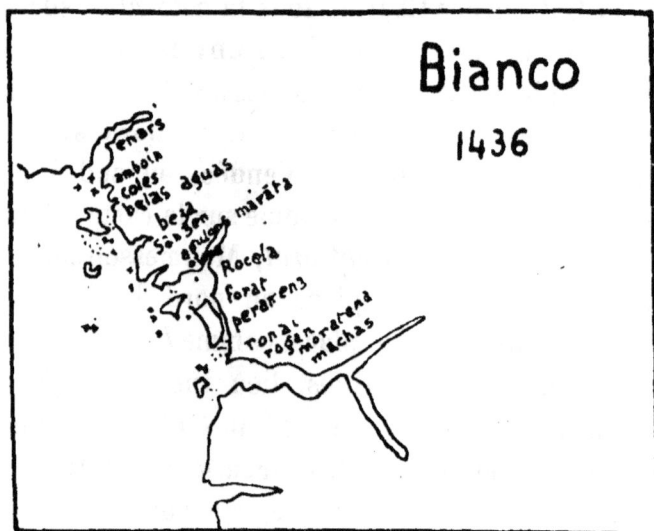

Fig. 2. — LA CÔTE D'APRÈS BIANCO. — Grandeur de l'original.

entre *Coles* (Etier de Méan) et *San Zen* (St-Gilles) ; *Gart* (Jard) et *Agulons* (l'Aiguillon) apparaissent à leur tour. Ce dernier port était d'origine récente ; il paraît avoir remplacé celui de Saint-Michel-en-l'Herm, comblé par la vase, et dont le nom ne figure plus sur la carte de Bianco [1]. On trouve encore le nom de *Forat* (Fouras) et

1. Le plus ancien document qui mentionne le Bec de l'Aiguillon est un arrêt du Parlement de Paris du 23 décembre 1395 (E. CLOUZOT, *les Marais de la Sèvre Niortaise*, p. 120, note 1).

celui de *Peramena*, qui reste sans identification. Sur la Gironde, Royan se trouve dédoublé en *Ronai* et *Royan*. La nomenclature des îles devient aussi riche que celle de la côte ; *Pileta* (le Pilier) apparaît au N. de Noirmoutier, appelé *Chara* (ou *chira*) ; à l'extrémité N. de l'île de Ré se montrent les récifs de *Barcas* et de *Bulcnas* (les Baleines), le *Pertui despin* (pertuis d'Antioche) sépare cette île de celle d'Oléron, que borde le récif d'*Ainas*, dont le nom ne correspond à rien de connu. Malgré ses fautes, cette carte est très intéressante par les nouveautés qu'elle renferme ; il est singulier que l'édition de 1448 en ait fait disparaître une partie ; on n'y retrouve ni *Anboin*, ni *Belas aguas*, ni *Beza*, ni *Forat*, ni *Peramena*, ni les noms de récifs et de pertuis. Par contre on y voit *Pornic* et un lieu dit *Tornac* entre la Charente et Maumusson *(Malbuzon)*. Une erreur y place le Plomb et un lieu dit *moque?* ou *bioque?* au N. de la Sèvre.

Le portulan de GABRIEL DE VALSECA (1439) [1] et un planisphère catalan du xvᵉ siècle, sans date [2] reproduisent le tracé et la nomenclature du xivᵉ siècle.

La fin du xvᵉ siècle et le xviᵉ, avec les grands voyages de découvertes de Colomb, de Vasco de Gama et de Magellan, étendent démesurément les connaissances géographiques, jusqu'alors confinées aux pays riverains de la Méditerranée. L'intérêt se porte tout entier sur les pays d'outre-mer, et les auteurs de portulans ne font plus aucun effort pour augmenter la somme des connais-

1. *Monografia de una carta hidrografica del Malloquin Gabriel de Valseca (1439) por* D. JOSÉ GOMEZ IMAZ, *capitan de navio.* Madrid, Alvarez, 1892. (Bibl. Nat. *Ge FF 2971*). Contient un fac-simile de la carte.

2. Publié dans Ongania (fascicule 13).

sances acquises dès le XIVe siècle sur les côtes de
l'Europe méridionale et occidentale. Ils s'en tiennent
à la tradition, et se copiant les uns sur les autres, ils
aboutissent inévitablement à commettre des erreurs de
transcription qui portent à la fois sur le dessin des côtes
et sur la nomenclature. Mais celle-ci renferme aussi des
nouveautés intéressantes : on voit des ports cesser d'être
fréquentés, d'autres s'ouvrir à la navigation.

Parmi les cartes de cette époque où les côtes de
France sont à une échelle suffisamment grande, il faut
citer un portulan de facture portugaise, dessiné vers
1513, dont l'original sur parchemin est exposé dans la
section des cartes de la Bibliothèque nationale sous la
cote *A 78*. Le tracé du littoral est tout à fait défectueux,
la côte, très raccourcie, court en ligne droite de Noirmoutier à la Sèvre, la baie d'Aiguillon est très exagérée,
ainsi que l'Aunis, dont le promontoire occupe le quart de
l'espace compris entre la Loire et la Gironde. Bouin
figure sous le nom d'*Ombam*, le Gollet sous celui de
Solaes ; un lieu dénommé *Garante* paraît être sur l'emplacement de Jart ; une confusion a dû se produire entre le
nom de Jart et celui de Marans. L'Aiguillon (*Guiloes*) est
au sud de la Sèvre, un lieu dit *Aguia* figure sur la
Charente (*Tiromda*). *Zapuzo* (Soubise) est devenu *Arpaz* ;
Sur le pertuis de Maumusson apparaît un *Portuxo*, qui
paraît être le mot pertuis. Les îles sont exagérément
agrandies par suite de la déformation de la côte de
Saintonge où se creuse une baie immense, la nomenclature est erronée; Noirmoutier s'appelle *Piler* (le Pilier),
comme dans la carte de Canerio, le nom de *Baia* est
transféré à l'île d'Yeu, dont le nom propre, *Oyas*, s'égare

dans la mer entre cette île et celle de Ré. Cordouan a disparu.

Un autre portulan de 1514 ou 1515 [1] est tout aussi défectueux ; la Gironde coule d'E. en W., les noms d'îles sont supprimés, la Rochelle est dédoublée. La carte de l'Océan Atlantique de PERO FERNANDEZ (1528) [2] est un peu moins incorrecte, mais elle reste encore très loin des prototypes du XIVe siècle.

L'intérêt que présentent les portulans au sujet de l'histoire des côtes perd beaucoup de sa valeur à partir de la fin du XVIe siècle ; bien que l'on ait continué à en dessiner au cours du XVIIe siècle, ils reproduisent toujours le type de leurs devanciers ; c'est ce que l'on peut constater sur les deux suivants, que nous nous bornerons à citer, sans commentaire :

Portulan de JOAN OLIVA, alias RIGO (Messine 1602) qui se trouve à la Bibliothèque nationale, section des cartes, *C 2342.*

Portulan de P... (début du XVIIe siècle), même dépôt, *C 2341.*

Toutes ces cartes sont l'œuvre de dessinateurs étrangers et l'influence de l'école génoise y est manifeste. Il faut mettre à part celles d'origine française, qui présentent quelques différences avec les cartes italiennes ou portugaises. Nous n'en avons pas trouvé d'antérieures au XVIe siècle. Trois d'entre elles sont particulièrement intéressantes.

1. *La carta nautica di Conte di Ottomanno Freducci d'Ancona,* par EUGENIO CASANOVA, Florence, Carnesecchi, 1894. Planche héliogravée.

2. VIKTOR HAUTZSCH et L. SCHMIDT, *Kartographische Denkmæler.* Leipzig, Horsemann, 1903, in-f°. Reproduction héliogravée.

C'est d'abord une carte de G. BROUSCON, placée en tête d'un manuel de pilotage anonyme, daté de 1548, qui se trouve au département des manuscrits de la Bibliothèque nationale, *ms. français n° 25374*. Cette carte reproduit sans altération sensible le dessin des portulans italiens de la même époque et la nomenclature n'en diffère que par la forme des noms. A la fin de l'ouvrage, page 26, une copie de ce document figure avec le même nom d'auteur. Englobant les côtes de Danemark, d'Angleterre, de France et d'Espagne, la carte mesure 27 cm 5 sur 31. Les dimensions des divers pays reproduisent à peu près celles des portulans génois [1].

Tout à la fin du XVIe siècle, le Dieppois J. DEVAULX a donné en 1584 une carte intitulée ROYAUME DE FRANCE, qui comprend en outre les côtes voisines, depuis le Danemark inclusivement jusqu'au Portugal ; la dimension totale, cadre compris, est de 21 cm sur 17, et l'échelle (50 lieues = 27 m/m 5) est voisine du 10.000.000e [2]. La petitesse de la carte fait que la nomenclature est très restreinte ; on y voit cités : Nantes, la baie de Bourgneuf, Ollonne, Zart, Cherebois (Chef de Baie), Rochelle, Cherente, Sallines, Brouage et Blaye. L'île de Noirmoutier manque ; l'île Dieux, l'île de Ré, qui est représentée

---

1. Il est probable que ce BROUSCON est aussi l'auteur du manuel de pilotage. Nous ne savons rien d'autre sur lui.

2. La carte de Devaulx est insérée page 24 du manuscrit suivant :
Les Premières Œuvres de Jacques Devaulx pilote pour le Roy en la Marine. Contenantz Plusieurs Reigles, Praticques, Segrez et Enseignements très nécessaires Pour bien et seurement Naviguer Par le monde, Tant en longitude que latitude En déclarant seulement autant qu'il est besoing au marinier d'en sçavoir. En la ville françoise de Grâce l'an MDLXXXIIII. — Ms. parchemin. Biblioth. nation., *Ms. français n° 9175*.

assez exactement malgré son exiguité, et Olleron figurent seules. Le dessin exagère beaucoup la dimension du golfe de Saintonge au détriment de la baie d'Aiguillon qui a complètement disparu. La Gironde reste orientée de l'E. à l'W. comme sur tous les autres portulans du temps. Mais on trouve sur cette carte deux nouveautés : d'abord elle porte au voisinage des côtes des chiffres dont les plus bas, 2, 3, sont le long du littoral de l'Océan et les plus élevés, 8, 9, 10, dans la Manche et dans la mer d'Irlande. On ne peut guère y voir l'indication de sondages, car les profondeurs en brasses sont tout autres aux points indiqués ; leur signification nous échappe, rien ne s'y rapportant dans le texte de l'ouvrage. Ensuite des traits ramifiés, qui correspondent assez grossièrement à la direction des courants marins, descendent du N. au S. le long des côtes du golfe de Gascogne, pénètrent dans la Manche et vont à la rencontre d'autres traits qui viennent de la mer du Nord. Ce qui rend leur signification énigmatique, c'est qu'ils sont reliés par une de leurs extrémités à l'un des rhumbs de vent des roses dessinées sur la carte. Ce curieux problème nous paraît aussi difficile à résoudre que le précédent.

Les portulans de Brouscon et de Devaulx ressemblent beaucoup aux portulans génois, dont ils dérivent certainement. Tout autre est le dessin d'une carte de JEAN FONTENEAU, dit ALPHOSE DE SAINTONGE relative à l'embouchure de la Loire, qui se trouve dans LA COSMOGRAPHIE AVEC L'ESPERE ET RÉGIME DU SOLEIL ET DU NORD, que composa en 1544 ce capitaine-pilote dé François Ier [1].

1. L'original est à la Bibl. Nat., ms. français 676. Il a été publié par M. G. MUSSET, dans Recueil de voyages et de documents pour servir

Le contour du littoral diffère tellement de la réalité qu'il est impossible à reconnaître. L'île de Noirmoutier paraît être soudée au continent ; *Bornef* (Bourgneuf) est sur la Loire en face du Pellerin, à l'embouchure d'un cours d'eau qui arrose *Boin* (Bouin). Il y a eu certainement confusion entre l'Acheneau, émissaire du lac de Grand Lieu, et l'Etier de Méan, qui draîne le marais de Challans. Plus à l'ouest figure un lieu dit *Scomper*, puis *Nermoutier* sur un promontoire faisant face à Saint-Nazaire ; le cours de la Loire est semé de bancs, la Lamberte, les Morées, la Vermée, encore connus de nos jours. Au sud de la pointe de Nermoutier se creuse une baie étroite au fond de laquelle est le village de *Belleher* et dont l'entrée est barrée au sud par l'île du *Piller* (Pilier). La carte s'arrête en ce point. Malgré son peu d'étendue, elle permet de constater que Jean Fonteneau ne l'a pas dessinée d'après les portulans d'alors, mais très probablement d'après un levé personnel, dont l'exactitude laisse fortement à désirer. C'est la première carte marine d'origine française, sans influence étrangère, que nous ayons rencontrée, et nous n'en connaissons pas d'autre jusqu'au XVII° siècle qui soit l'œuvre d'un marin de notre pays. Il est regrettable que les cartes de Fonteneau relatives à l'Aunis soient perdues, car elles devaient porter la même empreinte d'originalité que sa carte de la Loire.

A côté des portulans spéciaux à la Méditerranée et aux côtes occidentales de l'Europe viennent se placer à partir du XVI° siècle de grandes cartes générales que les

à *l'histoire de la géographie depuis le XIII° siècle jusqu'à la fin du XVI°*. Paris, Leroux, 1904, 8°. 3 planches. — La carte de l'embouchure de la Loire est reproduite page 519.

découvertes maritimes des Espagnols et des Portugais firent dresser. Certaines de ces cartes sont assez détaillées pour retenir notre attention.

En 1502 parut celle de NICOLAS CANERIO JANUEN-SIS, copie probablement italienne, l'auteur étant de Gênes, d'une carte portugaise. L'original se trouve aux archives du service hydrographique de la marine [1], et une reproduction héliogravée existe à la Bibliothèque Nationale, section des cartes *Ge DD 2086*. Le dessin et la nomenclature répètent ceux des portulans du xv⁵ siècle, avec quelques erreurs et omissions. *Abaia* est portée sur le continent, et l'île prend le nom de *Pilera* (le Pilier). Un lieu dit *Agilhas* (la pointe de l'Aiguille, aux Sables d'Olonne) figure seul entre *Abaia* et *S. Micheo* (Saint-Michel-en-l'Herm) ; la Rochelle est dédoublée en *Rossa* et *a rochella*.

Ensuite viennent les deux hydrographes français, DESLIENS et DESCELIERS, qui appartenaient à l'école de Dieppe [2]. NICOLAS DESLIENS publia en 1541 une mappemonde, dont l'original est à Dresde, et dont des reproductions héliographiques se trouvent à la Bibliothèque Nationale, section des cartes sous les cotes *Ge DD 935* et *CC 142* ; l'échelle de la carte est très réduite, le dessin de la côte fort mauvais ; la côte des Sables d'Olonne forme un rentrant, au lieu d'un saillant,

1. Étudié par M. GALLOIS : *Une nouvelle carte marine du XVI⁵ siècle. Le Portulan de Nicolas de Canerio.* (Bulletin de la Soc. géogr. Lyon, 1890).

2. L'école d'hydrographie de Dieppe, qui existait déjà au xvi⁵ siècle et qui dura jusqu'au xviii⁵, a été un centre très actif de travaux géographiques. On trouvera une étude succincte sur cette école dans : *Cartographie hydrographique dieppoise aux XVI⁵ et XVII⁵ siècles,* par A. MILLET, (Congrès national des sociétés françaises de géographie, XXIV⁵ session, Rouen, 3-8 août 1903. Comptes rendus, pp. 157-166. Rouen, Cagniard, 1904, in-4⁵).

la nomenclature est des plus réduites. Les mêmes erreurs de dessin se retrouvent dans les cartes de DESCELIERS [1], dont l'échelle est un peu plus grande. La carte de 1546 projette une pointe dans l'Océan à la hauteur de l'île d'Yeu, un golfe allongé vers l'est occupe l'emplacement des pertuis et de la côte d'Aunis, l'île de Ré a une forme arrondie. La Gironde garde la direction E.-W. qu'elle a déjà sur

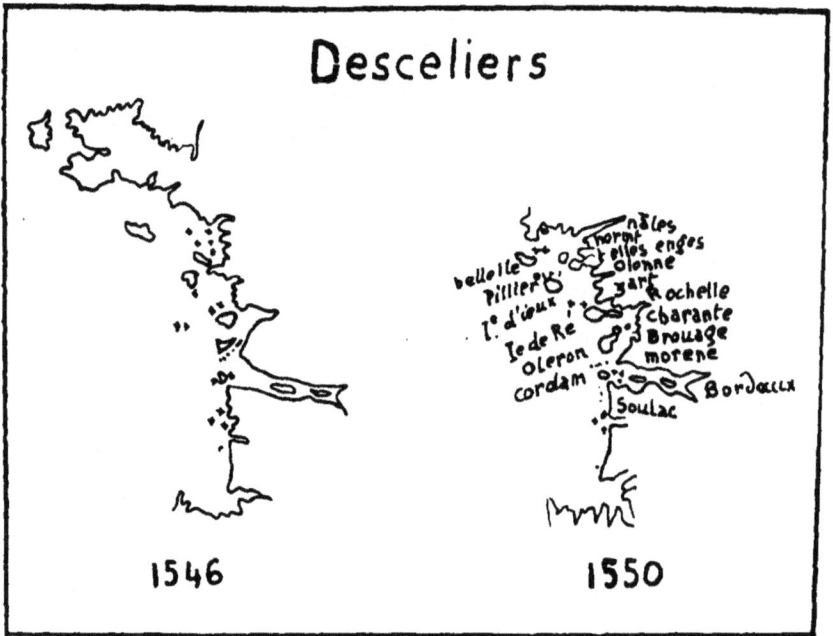

Fig. 3. — LA CÔTE D'APRÈS DESCELIERS. — Grandeur de l'original.
Pour laisser plus de clarté au dessin, on n'a pas reproduit la nomenclature sur la carte de 1546.

les cartes de Bianco. L'exemplaire de 1550 reproduit le même dessin, en modifiant toutefois l'île de Ré, qui prend

1. Les originaux sont à Londres. Ils ont été reproduits en héliogravure par CH. H. COOTE: *Bibliotheca Lindesiana. Collations and notes n° 4. Antotypes Fac similes of hec mappemondes.* 1898, in-4. Atlas gr. in-f°.

une forme allongée d'E. en W. Ces cartes de Desliens et de Desceliers sont de mauvaises copies des portulans antérieurs et elles ont à leur tour servi de modèle à celles de Brouscon, en 1584, dont il a été déjà question.

A l'étranger, l'italien BATTISTA AGNESE publie en 1554 un atlas de cartes marines et continentales, d'échelles diverses, où l'on trouve une carte marine des côtes de l'Atlantique, presque identique à celle de Bianco 1448 [1]. Puis vient en 1558 l'atlas de DIOGO HOMEN [2], qui renferme une belle carte de l'Europe occidentale offrant des analogies avec les cartes de Desceliers. Une grande baie échancre le littoral d'Aunis et de Saintonge depuis la Coubre jusqu'à la côte de Jart ; une autre petite baie se creuse à la hauteur des Sables d'Olonne et une pointe s'avance à l'ouest vers Noirmoutier. La presqu'île de Retz fait défaut. L'emplacement des ports est plein d'erreurs : *Colet* (l'Etier de Méan) est au sud de Saint-Gilles, *Normoster* (Noirmoutier) placé entre Colet et *Olona* (Sables d'Olonne). La Charente s'appelle *Clar* ; *Marene* (Marennes) est placé sur la Gironde à la hauteur de Blaye. L'île de Noirmoutier ne s'appelle plus *la baia*, mais *Pileri*, par suite d'une confusion avec l'îlot du Pilier.

Quant à l'atlas de JEAN MARTINES, Messine, 1583, c'est une sorte de compromis des portulans antérieurs, pour le dessin et la nomenclature ; toutefois les noms d'îles font défaut [3].

1. Fac simile héliogravé dans Ongania, fascicule 17.

2. Reproduction héliographique dans *Recueil de Portulans publié par G. Marcel.*

3. Original à la Bibliothèque Nationale, section des cartes, *Ge DD 682*. — A noter dans ce superbe atlas en couleur une grande carte de Sicile (folio 6), très intéressante.

Les mappemondes proprement dites, construites spécialement pour donner une idée d'ensemble des connaissances géographiques alors acquises, en particulier dans les contrées nouvellement découvertes, représentent l'Europe à une échelle beaucoup trop réduite pour qu'on en puisse tirer d'utiles indications. Celles de WALDSEEMULLER (1507 et 1516), de VESCONTE DI MAGGIOLO (1511), la MAPPEMONDE ESPAGNOLE DE 1527, celle de DIEGO RIBERA (1529) [1] ne sauraient nous arrêter. Leur intérêt est ailleurs.

Au cours de cette rapide revue des principaux portulans et atlas où figurent nos côtes occidentales, nous avons constaté que les meilleures représentations de ces côtes étaient les plus anciennes, et que de nombreuses erreurs s'étaient ensuite introduites dans les copies successives que l'on en avait faites. Pourtant, malgré leurs défectuosités, ces cartes sont restées beaucoup plus près de la vérité que celles des géographes que j'appellerai continentaux, qui ont voulu concilier les faits acquis par les marins avec les idées de Ptolémée, répandues dans le monde savant à partir du milieu du XVe siècle. C'est qu'elles s'appuyaient sur des observations relativement précises et sur une pratique approfondie de la navigation le long des côtes. Les navigateurs se servaient alors de descriptions des côtes, analogues à nos Instructions Nautiques, que l'on appelait *Portulans* en Italie et *Routiers* en France [2]. Un certain nombre de ces ouvrages nous sont parvenus, mais il n'y a

1. Original à la Bibl. Nat., section des cartes, *C 818.*
2. Sur les portulans italiens, voir KRETSCHMER, ouv. cité, p. 149 et suiv. Liste complète des portulans, pp. 195, 232. Texte des principaux portulans, p. 235 et suiv.

que ceux du XVe et du XVIe siècle qui soient à peu près complets. Celui de PIETRO DI VERSI (1445) [Kretschmer, p. 256] se borne à indiquer les distances et l'orientation des lieux mentionnés. Dans le portulan PARMA-MAGLIA-BECCHI, qui est de la même époque (Kretschmer, p. 273 et p. 351), on trouve en outre une description succincte de ces mêmes lieux et des indications sur les profondeurs ; l'emploi de la sonde était courant. Quant au portulan RIZO (Kretschmer, pp. 438 et 439), publié à Venise en 1490, il emprunte à un routier français la description des côtes de France.

Ce routier était l'œuvre de PIERRE GARCIE, dit FERRANDE, pilote de Saint-Gilles-sur-Vie, qui composa en 1483 le GRAND ROUTIER, PILOTAGE ET ENCRAGE DE MER [1]. Nous ne possédons que l'édition imprimée à Poitiers en 1520, mais on sait que l'ouvrage fut publié en 1483. On y trouve des vues de côtes, des indications de sondages et de nature des fonds. Ce livre fut copié par ANTHOINE DE CONFLANS, dans LES FAIZ DE LA MARINE ET NAVI-GAIGES. Sous François Ier, JEHAN MALLART, *escripvain du roy*, fit paraître LE DERNIER LIVRE DE LA DESCRIPTION DE TOUS LES PORTS DE MER DE L'UNIVERS AVECQUES SOM-MAIRE MENTION DES CONDITIONS DIFFÉRENTES DES PEUPLES ET ADRESSE POUR LE RUNG DES VENTS PROPRES A NAVIGUER (Bibl. Nat., *ms. franç. 25375*), description en vers, où les côtes du Poitou figurent pages 20 et 21 ; c'est un travail sans intérêt.

Enfin paraissait en 1584 l'ouvrage de DEVAULX, qui

---

1. Voir A. PAWLOWSKI, Bulletin de géogr. histor. et descript., XV, 1900, pp. 135, 173.

a déjà été signalé plus haut, et qui est une cosmographie
à l'usage des marins; on y trouve tous les systèmes de
projections, sauf ceux de Mercator et de Flamsteed, ainsi
que le mode d'emploi des divers instruments nécessaires
aux marins pour faire le point. L'art de naviguer se con-
forme à des règles de plus en plus scientifiques ; aux
portulans vont succéder de grandes cartes marines
détaillées.

Nous donnons ci-après une nomenclature comparée des
principaux portulans, avec les noms modernes. L'identification de certains noms n'a pas toujours été facile à
trouver ; nous ignorons quel lieu était désigné sous le nom
de *Belle Sagilles, Belas Aguas*; Kretschmer identifie ce
lieu avec Beauvoir-sur-Mer[1] ; nous n'avons pu découvrir
sur quoi il s'appuie pour établir ce rapprochement. Le
même auteur en fait quelques autres qui nous paraissent
inacceptables : *Anboin* ne désigne pas Paimbœuf, mais
Bouin, au sud de Bourgneuf, dans le marais de Challans.
Le nom de *Golet* ne s'applique pas à la Pointe Saint-Gildas,
mais à l'*Anse du Collet*, située à l'embouchure de l'Etier
de Méan, en face de Bourgneuf. Les cartes de la fin du
XVIIᵉ siècle et le Neptune français portent ce nom en toutes
lettres, ce qui lève tous les doutes possibles. *Plumbo*
désigne le *Port* et non la *pointe* du Plomb.

1. KRETSCHMER, ouv. cité, Kommentar, pp. 570, 572.

CHAPITRE II

Les cartes françaises du XVIe siècle et leurs dérivés

A côté des travaux cartographiques des marins viennent se placer depuis la fin du xve siècle ceux des géographes continentaux, qui commencent par s'inspirer directement de Ptolémée, dont les œuvres venaient d'être introduites en Occident par les savants grecs [1]. Les premières éditions de Ptolémée furent accompagnées de cartes informes, mais à la fin du xve siècle et au cours du xvie, un compromis s'établit entre le tracé ptoléméen et celui des portulans. Cette double influence est nettement visible dans l'œuvre du géographe italien BERLINGHIERI, intitulée : GEOGRAPHIA

---

[1]. Sur les éditions de Ptolémée, voir : JUSTIN WINSOR, *A bibliography of Ptolemy's geography. Library of Harvard University. Bibliographical contributions*, n° *13*. Cambridge, Massachussets, Wilson a. Son, 1884, 42 p. 8°. Donne la liste de toutes les éditions. — Voir aussi : SANTAREM, *Histoire de la cartographie*, et LELEWEL, *Géographie du moyen-âge*, II, p. 124.

DI FRANCESCO BERLINGHIERI FIORENTINO IN TERZA RIMA
ET LINGUA TOSCANA DISTINCTA CON SUE TAVOLE IN VARII
SITI ET PROVINCIE SECONDO LA GEOGRAPHIA ET DISTINC-
TIONE DELE TAVOLE DI PTOLOMEO. [1481] [1]. Dans le
livre II de cette géographie en vers, figure une GALLIA
NOVELLA, carte de 38 ^{cm} sur 48, qui ne porte ni échelle
des longueurs, ni graduation de latitude et de longitude.
Le dessin est directement emprunté aux portolans du
temps, dont il exagère les erreurs : baie très profonde en
Saintonge, où débouche la Charente, autre baie à la
hauteur du marais Poitevin, où se jette la Sèvre. Les îles
sont disposées à égale distance les unes des autres ainsi
que du continent, sans souci de leur situation vraie ; on y
voit apparaître l'île d'*Auges* au sud de la Baya, puis l'île
d'*Hoya-Ladina* : c'est un dédoublement de l'île d'Yeu.
L'île de Ré porte les deux noms de *Roy* et *Regia*. Les
erreurs pullullent sur le continent : Saint-Jean-d'Angély
placé au bord de la Sèvre, *Sentes* (Saintes) au N.-E. de
La Rochelle, La Rochelle dédoublée, comme dans le
portulan de Freducci de 1514, Blaye porté à la pointe de
la Coubre et suivie en amont par Bourg-sur-Gironde
(*Borgo*), Royan (*Roan*) et Talmont (*Talamo*).

Une seconde carte, qui porte le titre de TABULA
TERTIA DE EUROPA GALLIA (33 ^{cm} × 26), reproduit le
dessin même de Ptolémée ; une énorme protubérance, le
Santoni Pro [*montorium*] s'avance dans la mer beaucoup
plus à l'W. que la côte de Poitou. La nomenclature est
celle de l'époque romaine (Brivate, Augustorito, Ratiaton,
Mediolano). Les îles font défaut. Les latitudes et les

---

1. Bibliothèque nationale, cartes, *Ge DD. 1990.*

longitudes sont tracées de 5° en 5° sur la carte et de
degré en degré dans les marges.

. Ces cartes de Berlinghieri ont exercé une influence
évidente sur les géographes]˜ français du début du
XVIᵉ siècle, et en particulier sur le premier d'entre eux,
ORONCE FINÉ [1]. On doit à cet auteur une grande carte
de France, intitulée : NOVA TOTIUS GALLIÆ DESCRIPTIO,
dont un tirage de 1538 se trouve à la Bibliothèque de
l'Université de Bâle ; il en existe diverses reproductions
en photogravure[2]. La carte remonte en réalité à l'année
1525[3]. Elle offre une combinaison du dessin et de la nomenclature des deux cartes de Berlinghieri. On y retrouve au
S. le *Santonum Pro* [*montorium*], qui reste le cap le˜plus
saillant du littoral. La Sèvre devient un affluent de la
Charente qui passe à *Xainttes* et qui finit par un estuaire
sur le rivage sud duquel se trouve La Rochelle. Au nord
de cet estuaire, un nouveau promontoire, qui correspond
à la pointe d'Aunis, vient borner une grande baie où
débouche une rivière sans nom (la Sèvre) qui passe près
d'un lieu dit *Limon*, comme sur la carte (I) de Berlinghieri ;
c'est le nom gaulois de Poitiers (*Limonum*) qui a été transféré
en ce lieu ; puis la côte remonte directement vers la Loire
en passant auprès de *Lusson*, et finit par le *Pictonum
Pro* [*montorium*] à la hauteur de Noirmoutier. Les îles
sont représentées comme dans Berlinghieri (I). Des

1. Voir L. GALLOIS. *De Orontio Fineo, gallico geographo*, Paris,
1890 ; et du même : *Les origines de la carte de France. La carte
d'Oronce Finé*. Bull. géogr. hist. et descript., 1891, pp. 18-34 ; fac-
simile pl. I-IV. Liste des reproductions de la carte, p. 25, note 2.
2. Notamment dans le Bull. géogr. hist. et descript., article cité, et
Bibl. Nat., cartes *Ge D 1105*.
3. GALLOIS, article cité, p. 26.

collines ou des dunes sont figurées sur la côte. On ne peut reconnaître aucune originalité dans le travail de Finé en ce qui concerne le dessin du littoral, qu'il a emprunté à Berlinghieri, en le déformant.

Cette carte française ne tarda pas à être connue à l'étranger, où elle fut reproduite en Italie, sans le nom de Finé, par le Napolitain PYRRHUS LIGORIUS : TOTIUS GALLIÆ DESCRIPTIO CUM PARTE ANGLIÆ, GERMANIÆ, FLANDRIÆ, BRABANTIÆ, ITALIÆ, ROMAM USQUE. PYRRHO LIGORIO NEAP. AUCTORE. ROMÆ M.D.LVIII. MICHÆLIS TRAMEZINI FORMIS. CUM PONT. MAX. AC VENETI SENATUS PRIVILEGIO AD DECENIUM.

L'influence d'Oronce Finé est manifeste sur la carte de JEAN JOLIVET : GALLIÆ REGNI POTENTISS : NOVA DESCRIPTIO, JOANNE JOLIVETO AUCTORE (vers 1560), qu'ORTELIUS a insérée dans le *Theatrum orbis terrarum*, et dans le *Théâtre de l'Univers*, 1581, et que BELLEFOREST a également reproduite sans le nom de l'auteur dans la *Cosmographie universelle de Tout le monde*, 1575, sous le titre de DESCRIPTION GÉNÉRALE DE TOUTE LA FRANCE [1]. On y retrouve le Xantonum Promontorium, mais Jolivet a corrigé en partie l'erreur de Finé en donnant au promontoire du Poitou une saillie plus forte qu'à celui de la Saintonge. Une baie, où finit la Charente, se creuse de Marennes à Saint-Michel, qui est placé à l'extrémité du promontoire du Poitou ; pas de trace de la Pointe d'Aunis. A partir de Saint-Michel la côte remonte tout droit au N.-E. vers Nantes. Les îles sont toujours représentées de la même manière, l'île de

---

1. L'ouvrage de BELLEFOREST se trouve à la Bibl. nat., section des cartes, *Ge DD 459.*

Médoc figure en face de la Gironde comme dans Finé, le nom traditionnel de Noirmoutier, *la baia*, est transcrit *la haye* et appliqué à Belle-Isle, qui porte en même temps son vrai nom.

Une copie médiocre de la carte de Jolivet a été faite en 1568 par HAMON DE BLOIS : c'est une carte manuscrite, en couleur, de 20 ^{cm} × 23, exposée à la Bibliothèque nationale, Galerie des Chartes, n° 455. Le titre : FRANCE, est inscrit en haut du cadre, au milieu, et sur le pourtour, on lit une dédicace au roi : *Florissime et vive à jamais le très heureux, très invincible et très chrestien monarque Charles IX par la grâce de Dieu roy de France et des François. — 1568. — Du labeur de P. Hamon Blœsien escripvain du roy et secr. de sa chambre.*

Une autre imitation de Jolivet apparaît dans le travail de DES BLEYNS : CARTE ECCLESIASTIQUE CONTENANT LA DESCRIPTION DES ARCHEVESCHES ET EVECHES DU ROYAUME DE FRANCE ET PRINCIPAUTES ADJACENTES APPARTENANTS A LEGLISE GALLICANE AVEC ADDRESSES SUFFISANTES POUR L'USAGE DE LADICTE CARTE ET LES NOMS TANT ANCIENS QUE MODERNES DE CE QUEST REPRESENTE EN YCELLE LE TOUT DEDIE A MESSIEURS DE LASSEMBLÉE GENERALE DU CLERGE DE FRANCE PAR LE SIEUR DES BLEYNS DAULPHINOIS 1624. 56 ^{cm} × 42. Bibl. Nat. cartes *Gc DD 627.*

Cette carte très grossière, où sont seules portées les villes d'évêchés, réalise cependant un progrès sur celle de Jolivet en ce qui concerne les îles. Celles-ci sont approximativement à leur place ; mais l'île d'Yeu fait défaut. L'île de Médoc a disparu et la Tour de Cordouan est naïvement représentée par une tour vue en perspective au sommet de laquelle brûle un brasier ; les proportions sont complètement méconnues. Il en est de même pour les villes d'évêchés, vues en perspective cavalière.

Avec GUILLAUME POSTEL le tracé change [1] ; promontoires et baies disparaissent pour faire place à une côte orientée du N. au S., avec de petites indentations en dents de scie. La nomenclature diffère aussi : on trouve du N. au S.: *Brevian* (Saint-Brevin), *Bourgneu, La Gavache, Talmont, Saint-Michel, Lusson, Port-Maran, la Rochelle, Soubize, Hiers, Marennes* (dans l'intérieur des terres) à l'E. de Royan. Les îles de Noirmoutier et d'Yeu sont absentes ; on voit celle de *Retz* et *d'Oléron,* la tour de *Corban* et l'île de *Médoc,* qui avoisine non plus la pointe de la Coubre, comme dans Finé, mais celle du Verdon.

De même que la carte de Finé avait été contrefaite par Ligorius, de même celle de Postel le fut par le Vénitien FORLANI : *Totius Galliæ exactissima descriptio.* Mag[o] ac insigni viro Marco Antonio Radici *Paulus Forlani* Veronensis, SD... Venetiis ex æneis formis Bolognini Zalterii. MDLXVI. 61 [cm] × 44. Bibl. Nat. *Ge DD 627.*

Toute différente de cette série de cartes est celle de PIERRE ROGIER, qui date de 1575 : ce n'est plus une carte générale, mais une carte spéciale de la province de Poitou, qui par là nous intéresse directement pour notre étude. Elle a pour titre : PICTONUM VICINARUMQUE REGIONUM FIDISS[s] DESCRIPTIO. AUCTORE NOBILI D[no] PETRO ROGIERO PICTONE, REGIE M[tis] GALLIÆ CONSILIARIO, ETC., AUGUSTÆ TURONUM, IN ÆDIBUS MAURICIJ BOGUEREALDI.

---

1. *La vraye et entière description du royaume de France et ses confins, avec l'addresse des chemins et distances aux villes inscriptes es Provinces d'iceluy.* — Au très chrestien roy de France Charles IX... De Paris ce dernier jour d'octobre 1570. GUILLAUME POSTEL, cosmographe. Bibl. Nat., cartes, portef. *210, n° 2712.*

Plusieurs exemplaires en existent à la Bibl. Nat., section des cartes, sous les cotes : *Ge DD 627, PF 26, E 105, B 1707 (47)*. En raison de son caractère local, elle est à beaucoup plus grande échelle que les autres cartes ; 15 lieues poitevines communes = 103 $^{m/m}$, soit environ 1/700.000°. Les dimensions sont de 49 ^{cm} × 35 ^{cm}5.

Par son orientation générale N.-S., le tracé de la côte rappelle assez celui de Postel, mais il existe néanmoins de grandes différences avec ce dernier. La Baie de Bourgneuf est indiquée, mais elle s'évase trop au nord. On y voit l'île de Bouin, avec *Notre-Dame de Bouin*, et à l'E. de Bouin, l'*isle Chauvet* ; toutes deux sont entourées par la mer. *L'île de Noirmoutier* est orientée à peu près comme il faut mais sa forme n'est pas reconnaissable ; aussi large dans le Sud que dans le N., elle est étranglée au milieu. Puis vient l'*isle Dieu*, également bien placée, mais tout aussi informe. Au sud de la côte de Vendée, où s'ouvrent de profonds estuaires, on voit à partir du hâvre d'Olonne la côte tourner à l'Est pour constituer une grande baie où se trouvent *Talmont* et son *Hâvre*, dit aussi *haultemer*, le *hâvre de la Tranchée* ou *Saint-Benoist* (Embouchure du Lay), puis *Saint-Michel en ler*, au bord de la mer, et l'embouchure de la Sèvre, dite *Le Béraude* (le Braud) ; *Lusson* est relié à la mer par un canal que franchit un pont. Au sud du Béraude, la côte d'Aunis est dessinée d'une façon presque exacte ; on la voit s'infléchir au S.-W. par le *Plum* et *Laileu*, former la pointe de *C. de Bois* (Chef de Baie), puis la baie de la Rochelle, la pointe des Minimes, la baie d'*Angolin*, la pointe et la baie de *Chastelaillon*, après quoi le tracé redevient mauvais aux abords de la Charente ; la pointe de *Fouras* s'avance

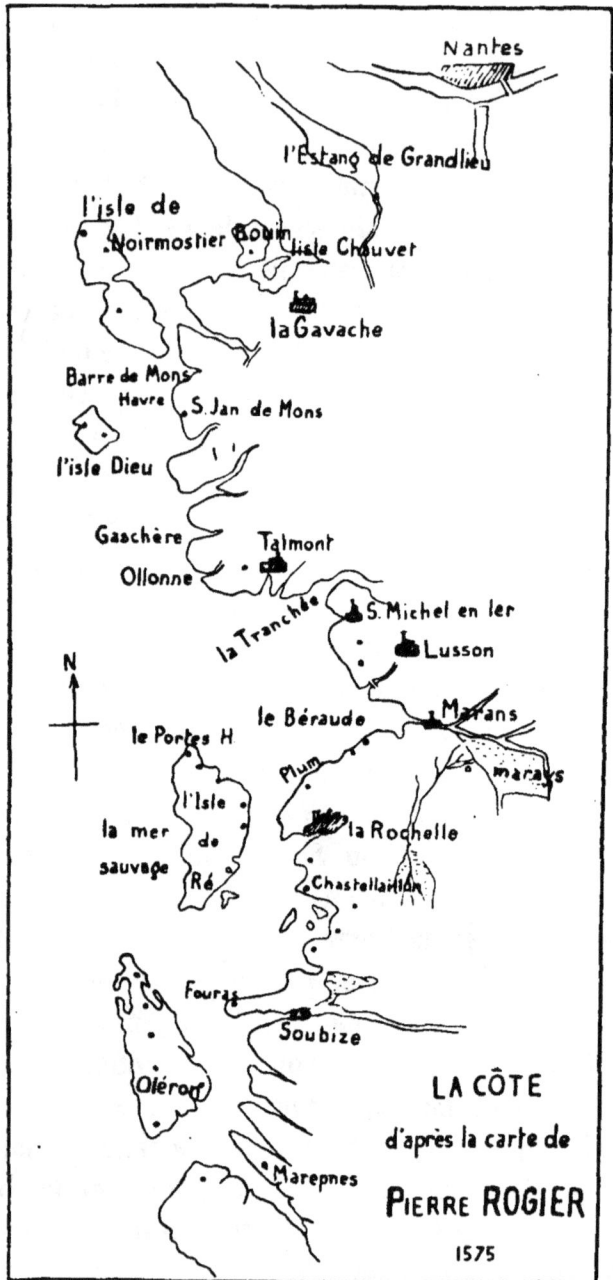

Nantes

l'Estang de Grandlieu

l'isle de
Noirmostier Bouin
l'isle Chauvet

la Gavache

Barre de Mons
Havre
S. Jan de Mons

l'isle Dieu

Gaschère
Ollonne
Talmont

la Tranchée
S. Michel en ler
Lusson

N

le Béraude
Marans

le Portes H
marays

Plum

l'Isle
la mer de la Rochelle
sauvage Ré
Chastellaillon

Fouras
Soubize

LA CÔTE

d'après la carte de

PIERRE ROGIER

1575

Oléron

Marepnes

Fig. 4. — Demi-grandeur de l'original

beaucoup trop dans l'ouest, les méandres de la Charente sont ignorés, le tracé de la côte devient conventionnel jusqu'à la pointe d'Arvert, qui est assez bien rendue. Il n'y a pas de doute que l'Aunis était bien plus familier à l'auteur que le reste de la côte. L'île de Ré s'allonge du nord au sud, en se renflant à la hauteur de Saint-Martin ; la côte de la *mer Sauvage* est orientée exactement N.-S. L'île d'*Oléron* est plus reconnaissable, mais au lieu d'atteindre sa plus grande largeur dans la moitié nord, elle l'atteint au voisinage du Pertuis·de Maumusson, ce qui fausse entièrement son aspect. Au total, malgré les grosses erreurs d'orientation et de dessin qu'elle comporte, cette carte de Rogier est la première carte française du XVI⁰ siècle qui soit réellement originale et qui présente un certain mérite.

Les erreurs de position géographique qu'elle comporte ont été en partie corrigées par MERCATOR, qui en a commis d'autres à son tour. C'est en effet d'après la carte de Pierre Rogier qu'ont été construites les cartes des côtes du Poitou publiées dans les atlas de Mercator et de Hondius. Les cartes concernant la France ont été imprimées en 1585, mais elle avaient été dressées longtemps avant cette date [1] ; Mercator a donc utilisé la carte de Rogier aussitôt l'apparition de celle-ci [2]. Elle figure une première fois

1. Notice sur « *la Vie du célèbre et illustre Gerard Mercator* » par Hondius (En tête de l'atlas de Mercator).
2. Nous nous sommes servi de l'édition suivante de Mercator, qui est à la Bibl. Nat., Sect. des cartes, *Ge DD 1200* : *L'Atlas de Gerard Mercator et d'Hondius, augmenté d'un appendix. Atlas ou representation du monde universel, et des parties d'icelui, faicte en tables et descriptions très amples, et exactes : Divisé en deux tomes. Edition nouvelle. Augmentée d'un appendice de plusieurs nouvelles Tables et Descriptions de diverses régions d'Allemaigne, France, Pays-Bas. Italie et de l'une et l'autre Inde, le tout mis en son ordre. A Amsterdam,*

à échelle réduite (15 lieues communes $= 58\,^{m}/^{m}$) sur la carte intitulée : BRITANNIA ET NORMANDIA CUM CONFINIB. REGIONIBUS. PER GERARDUM MERCATOREM CUM PRIVILEGIO (pages 254-55 de l'Atlas). La côte est très allongée à l'ouest, la baie de Bourgneuf a disparu, l'île de Noirmoutier devient E.-W ; l'île d'Yeu manque ; la côte d'Aunis, très réduite en latitude, ainsi que celle de Saintonge, fuit vers le S.-E. ; la Gironde coule d'E. en W., le sud de l'île d'Oléron décrit un coude à l'W. La nomenclature diffère généralement de celle de la carte de Rogier, mais le fond du dessin est incontestablement emprunté à celle-ci, comme on peut s'en rendre compte en rapprochant les deux cartes pour les comparer entre elles.

L'emprunt devient évident sur la seconde carte (page 310-311 de l'atlas) : POICTOV SIVE PICTAVIÆ DESCRIPTIO. PER GERARDUM MERCATOR CUM PRIVILEGIO. L'échelle est double de celle de la carte précédente ; et l'on retrouve tous les détails de la carte de Rogier : l'île de Bouin et l'île Chauvet sont indiquées, mais le fond de la baie de Bourgneuf est orienté N.-S., la pointe Saint-Gildas est supprimée, ce qui altère gravement le tracé de la côte. La forme donnée par Rogier à l'île de Noirmoutier est conservée, mais l'île est orientée comme précédemment de l'E. à l'W ; l'île d'Yeu est rétablie, mais sous sa forme vraie. L'orientation générale de la côte des Sables entre Notre-Dame de Mont et Jard est assez juste, mais elle

chez *Henry Hondius, demeurant sur le Dam, à l'enseigne du Chien Vigilant. A° D. 1635, in-f°.*

A Très Haut, Très Puissant et Très Illustre Prince Louys de Bourbon, XIII du nom, Tres Chrestien Roy de France et de Navarre. etc. »

En tête se trouve la préface de la première édition, par Hondius, datée du 4 septembre 1609.

devient fausse au-delà ; la pointe du Grouin du Cou n'apparaît pas, et la côte remonte du S. 1/4 S.W. à l'E. 1/4 N. E. de Jard à l'embouchure du Lay : il y a là une grosse erreur qui provient de la carte de Rogier, et qui s'aggrave ensuite par la figuration d'une protubérance du continent sur l'emplacement de la Baie d'Aiguillon : le littoral court au S. W., depuis l'embouchure de la Sèvre jusqu'à l'île de la Dive. L'île de Ré fait une saillie vers l'Aunis, tandis qu'une baie l'échancre sur la côte Sauvage ; la pointe d'Aunis est remplacée par un littoral courant droit du N. W. au S. E., puis le dessin de Rogier est conservé intégralement à partir de la Rochelle, y compris l'île d'Oléron, mais toujours avec la déviation au S. E. qui s'est manifestée à partir de la Sèvre. C'est une erreur systématique qui provient d'une fausse appréciation des latitudes et des longitudes dans la région considérée. Nous avons relevé au moyen de la graduation de la carte, qui est établie en minutes d'arc dans les marges, les positions d'un certains nombres de lieux d'après Mercator ; en voici le tableau :

	Longitude (E. de l'Ile de Fer)	Latitude
La Rochelle............	19°23′	45°49′
Marans..............	19°20	46°
Les Portes (île de Ré)..	19°06	45°50
Les Sables d'Olonne...	18°22	46°
Ile d'Yeu (Château)....	17°54	46°05
Le Goulet (Fromentine)	17°50	46°18
L'Abbaye Blanche.....	17°29	46°20
Bourgneuf..........	17°48	46°30
Embouchure de la Loire	17°40	46°44

Il résulte de l'examen de ce tableau que les distances en latitude sont insuffisantes et que les distances en longitude sont beaucoup trop grandes ; c'est ce qui a déformé la représentation du littoral.

En France la carte de P. Rogier a servi de modèle à plusieurs cartographes du début du XVIIᵉ siècle. C'est d'abord en 1613 LA GUILLOTIÈRE, qui dresse sa grande CHARTE DE LA FRANCE, éditée par Le Clerc après la mort de l'auteur. On lit en effet dans la notice, qui occupe l'angle droit supérieur de la carte, les indications suivantes : « Cette carte recueillie des restes de cette féconde et riche Bibliothèque de Feu M. Pithou, est suivant l'intention de Fr. de la Guillotière son autheur rendue au public... L'Autheur homme laborieux et excellent en cet art, a certifié par son testament y avoir travaillé vingt et cinq ans et plus. » [1] L'échelle est de 12 lieux communes = 51 m/m.

L'ensemble du tracé de la côte offre les plus grandes ressemblances avec celui de Rogier, mais il s'en écarte sur quelques points : l'île de Noirmoutier est omise, ainsi que le Pilier, l'île d'Yeu est placée entre Saint-Gilles et Olonne, qui sont beaucoup trop rapprochés l'un de l'autre, et elle est presque accolée au littoral. Le village de la Chaume, séparé des Sables d'Olonne par l'entrée du port, est placé dans une île appelée *Isle d'Olonne* ; le littoral de l'Aunis est plus mal rendu que dans Rogier et ce défaut est exagéré dans l'île d'Oléron, beaucoup trop élargie au S. E. Mais la carte de la Guillotière renferme une

1. Une étude de l'œuvre de la Guillotière a été faite par M. GALLOIS dans : *Régions naturelles et noms de pays*, Appendice III. Paris, 1908, in-8°.

nouveauté : par la justesse des formes générales, l'île de Ré revêt un aspect très voisin de l'aspect véritable, et dont l'exactitude relative fait un vif contraste avec le dessin maladroit du reste de la côte. On peut se demander si La Guillotière n'aurait pas mis à profit un levé de l'île de Ré, actuellement perdu, que paraît avoir utilisé de son côté le Hollandais Waghenaer, dont il sera question plus loin. Les analogies des deux cartes à cet égard sont frappantes.

La Guillotière a été à son tour imité par un autre auteur, resté anonyme, qui grava une « CARTE DE POICTOU, XAINTONGE, ANGOUMOIS ET PAYS D'AUNIS », sans date, mesurant 11^{cm} sur 15, qui est à la section des cartes de la Bibliothèque nationale, *portef. 218, carte 3561*.

Puis viennent d'autres imitations assez libres de Rogier, dans lesquelles le tracé du littoral est tout à fait fantaisiste, et qui méritent simplement d'être mentionnées par leur titre :

CARTE DU PAIS D'AUNIS. VILLE ET GOUVERNEMENT DE LA ROCHELLE. DÉSIGNÉE PAR LE Sr BACHOT. A PARIS, CHEZ MELCHIOR TAVERNIER DEMEURANT SUR LE PONT NOTRE-DAME. Sans date. Echelle de 4 lieues de Poitou = 90 m/m. — 32^{cm} × 41.

Bibl. Nat., cartes *Ge DD 627, n° 53*.

L'éditeur Le Clerc l'a reproduite sous le même titre, mais en substituant son nom à celui de Bachot : JOHANNES LE CLERC *excudebat* 1621. Il a ajouté sur cette carte une vue du siège de Saint-Jean d'Angély : « Saint-Jean d'Angély Assiégé par Louis 13e Roy de France et de Navarre et rendu le 25e juin 1621. »

Bibl. nat., Imprimés, *France, cartes particulières, t. IV,* L "; gr. in f°.

Dans un recueil de LE CLERC, intitulé : THÉATRE GÉOGRAPHIQUE DU ROYAUME DE FRANCE CONTENANT LES CARTES ET DESCRIPTIONS PARTICULIÈRES DES PROVINCES D'ICELUY. A PARIS, CHEZ JEAN LECLERC, RUE SAINT-JEAN DE LATRAN, A LA SALLEMANDRE ROYALE MDCXX (Bibl. Nat. Cartes *Ge DD 1290*), se trouve une « CARTE DU PAYS DE XAINTONGE. J. LE CLERC *excudit* », mesurant 50 cm sur 37, à l'échelle de 5 lieues = 108 m/m ; elle donne la même section de côte, avec des variantes dans le tracé qui ne sont pas une amélioration. Les éditeurs Hollandais Jansson et Hondius l'ont insérée sous leur signature dans leurs atlas.

Celui de JANSSON, *Le Nouveau Théâtre du monde ou Nouvel Atlas*, Amsterdami, apud Johannem Janssonicum, 1644, renferme une carte qui a pour titre : POICTOU, PICTAVIENSIS COMITATUS, AMSTELODAMI EXCUDIT JUDOCUS HONDIUS. C'est une combinaison peu heureuse de la carte de Rogier et de celle du hollandais Waghenaer [1], à qui il a emprunté le dessin fautif de l'île de Noirmoutier, soudée au continent ; l'île figure en outre, au large de Beauvoir sous le nom de Hermoustier, avec une forme fantaisiste. Les éditeurs du XVIIᵉ siècle sont tombés dans les mêmes errements que les auteurs de portulans, qui déformaient de plus en plus le dessin des originaux qu'ils copiaient.

---

1. Dont il sera question au cours du chapitre suivant.

CHAPITRE III

Les cartes marines Hollandaises du XVIᵉ siècle et leurs dérivés.

A l'époque même où Jolivet, Postel et Rogier cons-
truisaient par renseignements, et en s'aidant des travaux
antérieurs, des cartes que Mercator chercha ensuite à
rectifier, sans aller sur le terrain, des marins hollandais
reprenaient la tradition des premiers auteurs de portulans
en exécutant sur les lieux mêmes des levés, d'où sortirent
des cartes exclusivement marines, destinées à l'usage de
la navigation, et dont la valeur fut appréciée de suite
par les contemporains. Reposant sur des observations
directes de latitudes, tandis que les longitudes étaient
déterminées par l'estime de la vitesse du bateau [1], ces
cartes à assez grande échelle contiennent, à côté de
grosses erreurs, d'excellentes observations ; certaines

[1]. On employait une sorte de *bateau de loch* primitif, fait d'un bâton
qu'on jetait à la mer et qui était retenu par une corde, dont on laissait
écouler une certaine longueur *(Miroir de Chartier,* 1ʳᵉ partie).

sections de côtes sont parfaitement rendues. Nous ignorons si les levés originaux subsistent; mais les cartes qui.
les résument ont été groupées en atlas par un pilote
d'Enckhuyse en Hollande, Luc Waghenaer, qui vi-
vait dans la seconde moitié du xvıᵉ siècle. Il dit dans la
préface de son ouvrage que ses cartes restèrent d'abord
inédites, et qu'il se décida à les publier sur les prières
instantes des pilotes qui en avaient eu connaissance et
qui en appréciaient la valeur.

La gravure fut achevée en 1583, ainsi que l'impression du texte explicatif '.

Le succès fut tel que les éditions se succédèrent chaque année de 1584 à 1590. La liste complète en a été
donnée par Behrmann '.

L'ouvrage est intitulé :

Teerste Deel Vande Spieghel der Zeevaert, vande navigatie der Westersche Zee, Innehoudende
alle de Custe va Vranckrijck, Spaignen en t'principaelste deel van Engelandt, in diversche Zee
Caertê begrepê, met den gebruijcke van dien, nu
met grooter naersticheijt beij eê vergadert en ghe-
practizeert, Door Lucas Iansz Waghenaer Piloot ofte Stuijrmann Residerende inde vermaer-
derte Zeestadt Enchuijsen. Ghedruct tot Leyden by
Christoffel Plantijn voor Lucas Iansz Waghenaer
von Enckhuysen Anno mdlxxxiiii.

1. « Advertissement de l'autheur au lecteur sincère » (édition française
de 1600).

2. W. Behrmann, Ueber die niederdeutschen Seebücher des fünf-
zehnten und sechzehnten Jahrhunderts. (Extrait des Mitteilungen der
Geographischen Gesellschaft in Hambourg, Band XXI). Hambourg, Frie-
derichsen, 1906. 8°, 110 p., 1 fig. et 4 cartes. — La liste figure pages
100-106.

Nous ne connaissons en France que deux exemplaires
du texte hollandais, datés de 1586, et conservés à la
Bibliothèque du Dépôt des Cartes et Plans de la Marine, à
Paris, sous la cote 804. Ils portent le titre de l'édition
de 1585 : « TEERSTE DEEL VANDE PARS PRIMA SPECU-
LUM NAUTICUM SUPER NAVIGATIONE MARIS OCCIDENTALIS
CONFECTUM, CONTINENS OMNES ORAS MARITIMAS, GALLIÆ,
HISPANIÆ ET PRAECIPUARUM PARTIU ANGLIÆ IN DIVER-
SIS MAPPIS MARITIMIS COMPREHENSU UNA CUM USU ET
INTERPRETATIONE EARUNDEM, ACCURATA DILIGENTIA CON-
CINNATU, ET ELABORATU PER LUCAM JOHANNIS AURIGA-
RIUM. / SPIEGEL DER ZEEVAERDT, VANDE NAVIGATIE DER
WESTERSCHE ZEE INNEHOUDENDE ALLE DE CUSTEN VAN
FRANKRIJCK, SPAIGNEN, EN T'PRINCIPAELSTE DEEL VAN
ENGELANDT, IN DIVERSCHE ZEECARTEN BEGREPEN, MET
DEN GEBRUIJCKE VAN DIEN, NU MET GROOTER NAERSTI-
CHEIJT BIJ EEN VERGATERT, EN GEPRACTIZEERT DOER
LUCAS IANSZ WAGENAER. LEYDEN, MDLXXXVI.

Sur l'un des exemplaires, les cartes sont coloriées,
sur l'autre elles sont en noir, mais la gravure ne présente
aucune différence ; ce sont les mêmes planches qui ont
servi pour toutes les éditions à partir de la première.

En 1596 parut une quatrième édition, en hollandais,
sous le titre suivant: « DEN NIEUWEN SPIEGHEL DER
ZEEVAERT, VAN DE NAVIGATIE DER WESTERSCHE ZEE,
INHONDENDE ALLE DE CUSTEN VAN VRANKRIJK. SPAEN-
GIEN, DE EYLANDE VON CANARIEN EN DE T'PRINCIPAELSTE
DEEL VAN ENGHELANDT, YRLANDT, SCHOTTLANDT, MOSCO-
VIA, FINLANDT, NOORWEGHEN, ENDE GANSCHE OOSTER-
SCHE ZEE, MET ALLE HAVENEN VAN DIEN. DE JUTSCHE
CUSTEN, VRIESLANDT, HOLLANDT, ZEELANDT, VLANDE-

REN, DIT ALL IS IN DIVERSCHE ZEECARTEN BEGREPEN, MET
DE VOLCOMEN ONDERWYSINGEN ENDE GHESCHRIFTEN VAN
DIEN. MET GROOTE NEERTICHEYT BY EN VERGADERT,
DOOR LUCAS IANSZ WAGHENAER. IS NU TEN VIERDEN
MAL GHECORRIGEERT EN DE VERMEERDET MET CAERTEN
EN ONDERWYSINGHEN. ENDE OP ELKE CAERTE EN HISTO-
RIALE BESCHRYWINGHE ELKS LANDTSCHAP BYSONDER,
ENDE DERSELVER ENGHEUSCHAP / OORSPRONCKS, ENDE,
WAREN, ETE VERMEERDERT, DOOR RICHARD SLOTBOOM.
AMSTERDAM BY CORNELIS CLAESS MDXCVI.

La Bibliothèque Nationale (Cartes, *Ge DD 314*) en
possède une traduction française de l'année 1600 :

LE NOUVEAU MIROIR DES VOIAGES MARINS DE LA
NAVIGATION DE LA MER OCCIDENTALE ET ORIENTALE,
CONTENANT TOUTES LES COSTES DE LA FRANCE, DE
L'ESPAIGNE, DES ISLES CANARIENNES, ET DE LA PRINCIPALE
PARTIE D'ANGLETERRE, ESCOSSE, MOSCOVIE, FINLANDÈ,
NOROUEGUE ET DE TOUTE LA MER MEDITERRANÉE D'EST-
LANDE, AVEC TOUS LES HAVRES D'ICELLE, LES COSTES DE
JUTLANDE, DE FRIZE, D'HOLLANDE, DE ZÉLANDE, LE TOUT
EN DIVERS TABLEAUX ET CARTES HYDROGRAPHIQUES, AVEC
PLENIERE INSTRUCTION, ET LES ESCRITEAUX D'ICELLES,
POUR LA QUATRIÈME FOIS AUGMENTÉ DES CARTES ET
DESCRIPTION PAR LUCAS FILS DE JEAN CHARTIER[1].

AVEC CERTAINES NOTALES DE CARTES, APPARITIONS,
ET DESCRIPTIONS ADIOUTÉES CHASCUNE EN SON LIEU
CONVENABLE PAR GUILLAUME BERNARD, TRÈS RE-
NOMMÉ PILOTE.

1. Traduction du hollandais Waghenaer ; les éditions latines portent *Aurigarius*.

A CHASCUNE CARTE EST ADJOINTE UNE DESCRIPTION HISTORIALE DES PROVINCES Y CONTINUES PAR RICHARD SLOTBOOM.

DE NOUVEAU PAR LE SUSDIT AUCTHEUR LUCAS CHARTIER, DILIGEMMENT REVEU ET CORRIGÉ TANT AU TEXTE COMME AUX CARTES. ET PAREILLEMENT AUGMENTÉ DE PLUSIEURS CARTES NOUVELLES OULTRE LA PREMIÈRE ÉDITION.

EN ANVERS. CHEZ JEAN BELLERE, A L'AIGLE D'OR. L'AN M.CCCCCC. AVEC PRIVILÈGE DU ROY.

C'est un traité complet de l'art de la navigation. La première partie contient l'exposé théorique et pratique des connaissances en cosmographie et en pilotage que doit posséder un navigateur, la deuxième et la troisième partie renferment une description détaillée des diverses parties du monde, avec cartes et vues de côtes [1].

La série des cartes débute (carte 1) par une carte d'ensemble d'Europe : UNIVERSE EUROPÆ MARITIMÆ EIUSQUE NAVIGATIONIS DESCRIPTIO. (ENDE NU OP NIENS, IN ALLEN PLAETSEN GECORIGEERT, ENDE VERBETERT, ENDE OP NIENS GEMAECKT, ANNO 1592). Gravée par Baptiste a Doetech. $42^{cm} \times 56$. Projection plate, latitudes et longitudes indiquées en marge. L'aspect rappelle tout à fait celui des portulans, mais la ressemblance n'est qu'extérieure : c'est une réduction des cartes de détail, dont le levé est entièrement nouveau. Deux de celles-ci concernent les côtes du Poitou.

2e partie, n° 8. — LES COSTES MARINES ET ISLES DE BRETAIGNE ENTRE BLAVET ET PIQUELIER. / DE ZEE CUSTE,

---

1. Voir à l'appendice l'Avertissement au lecteur.

MET DE EIJLANDE VAN BRETAIGNEN, TUSSCHENN BLAVET
EN PIQUELIERS. / ORA MARITIMA UNA CUM INSULIS
BRITANNIE, INTER BLAVETUM ET PIQUELIRIUM. — *Lurs*
Joes Aurigarius Inventor.

A gauche en bas : *Cum gratia et Privilegio ad decennù.*
Joannes a Doetinchem fecit.

Comme toutes celles du recueil, cette carte . mesure
51^{cm} $\times$ 33, et est construite à l'échelle de 15 milles
allemands = 97 $^m/_m$, soit au 1/1.144.000 environ.

De grosses erreurs sautent aux yeux] : la baie de
Bourgneuf atteint 6 milles (42 kilom.) de profondeur
depuis la pointe Saint-Gildas jusqu'à son extrémité
orientale. L'île de Noirmoutier fait corps avec le continent,
ce qui est plus grave ; la largeur de l'isthme n'est pas
moindre de 11 kil. Il serait toutefois permis d'interpréter
ce tracé fautif comme un indice que le banc sablo-vaseux
qui unit l'île à la terre ferme présentait déjà sensiblement
la même configuration que de nos jours et que le Gua était
impraticable aux navires. Le tracé du littoral d'après
Waghenaer correspond à peu près à la limite des bancs
qui découvrent à mer basse dans la baie de Bourgneuf ;
les marins hollandais les ont pris pour la terre-ferme.

L'île d'Yeu est placée à 27 kilom. au S. de Noirmoutier et à 22 kilom. au S.-W. de Saint-Hilaire. Les indications portées à l'intérieur du continent sont encore plus
fautives ; nous en donnerons un exemple relatif à
Noirmoutier. On voit figuré sur le littoral N. de l'île un
lieu dit l'*Abdie* (l'Abbaye blanche) [1], au S. duquel est .
indiqué, bordant la côte occidentale, un bois appelé

---

1. Une faute du graveur a substitué un *d* à la lettre a de *Abaie*.

tgroenbosch (le bois vert ; le bois de la Chaise, composé de chènes verts). Ce bois est en réalité situé à la pointe N.-E. de l'île, et la carte devait l'indiquer à l'E.-S.-E. de l'abbaye blanche. Or, si l'on consulte la notice explicative de la carte qui est un véritable routier, on y voit que les instructions disent de se porter, quand on vient du N.-W, vers l'abbaye, et de cingler ensuite, quand on a dépassé l'abbaye, vers l'E.-N.-E., « tant et si longuement que ledict bois vienne se montrer un bien peu du costé du N. dudict Cloistre » ; si le bois s'était trouvé effectivement au S.-W. de l'abbaye, il aurait été impossible aux marins de l'apercevoir par rapport à l'abbaye dans la situation indiquée par les instructions. Ce sont celles-ci qui ont raison, et la carte qui a tort. On en peut tirer cette conclusion que les observations des marins, telles que les fournissent les routiers, étaient plus exactes que ne le laisseraient croire leurs cartes, où se glissaient sans nul doute des fautes de transcription et de gravure.

N° 9. — Les Costes marines de Poictou et Bordeaux entre Piquelier et la rivière de Bordeaux comme le Pais apparoist aux arrivants de la mer. / Die zee custe van Alandt van Poictou ende Bordeaux tuschen Piqueliers ende de Rivière van Bordeaux alsœ hem Alandt aldaer vuijt der zee opdoet ende verthoout. / Ora maritima Pictaviæ et Burdegalæ navigantibus apparens, inter Piqueliriu et ostium Garumnæ.

La côte court presque en ligne droite, du N.-W. au S.-E., depuis Noirmoutier jusqu'à la baie d'Aiguillon, en dessinant un faible saillant à la hauteur des Sables-

d'Olonne, dont le port est indiqué par une échancrure de
la côte. A l'entrée de la baie d'Aiguillon, la flèche de
l'Aiguillon est amorcée et l'île de la Dive, appelée *Urck*,
est figurée. Le dessin de la côte d'Aunis est bien meilleur
que dans les cartes que nous avons étudiées précédemment ; l'île de Ré est d'une exactitude remarquable ;
l'inflexion de la côte au N.-W., entre la pointe de
Chanchardon et la pointe des Baleines, est bien indiquée,
et sur le pourtour de l'île on voit portés les bancs
de roches et de sable qui la bordent. Le levé est
meilleur que dans la grande carte française de 1627,
dont il sera question plus loin. Cette précision dans le
dessin de cette partie de la côte est sans aucun doute en
rapport avec la fréquence des relations maritimes que les
Hollandais entretenaient avec le port de la Rochelle et
l'île de Ré [1]. Ils avaient tout le loisir nécessaire pour
étudier le pays en détail, tandis qu'ils passaient au large de
la côte de Vendée, dont les abords sont d'ailleurs assez
dangereux.

Le dessin de l'île d'Oléron est beaucoup moins bon. La
côte occidentale est rectiligne, la côte S.-E. se renfle
considérablement, de telle sorte que l'île forme un triangle
dont la base fait face à la côte d'Arvert.

Les parties continentales sont tout à fait mauvaises ;
Lusson et *Port Marans* sont placés tous deux au bord de la
baie d'Aiguillon. Les méandres de la Charente, qui figurent
pour la première fois sur une carte, sont grossièrement
esquissés. Le chenal de Brouage se prolonge fort avant
dans les terres, et Saint-Jean-d'Angély est placé sur ses

1. La notice fait foi de cette activité commerciale entre les deux pays.

rives, au lieu d'être sur la Boutonne. L'estuaire de la Seudre se termine en cul-de-sac à peu de distance en amont de Marennes, et la Gironde reste orientée d'E. en W. comme dans les portulans du xvie siècle.

L'intérêt de ces cartes ne se borne pas à la manière dont les côtes sont figurées : on y voit apparaître pour la première fois, à notre connaissance du moins, l'indication de *sondages* ; les profondeurs sont exprimées en toises et figurent en assez grand nombre. On voit portés des fonds de 9 à 10 toises (17^m50 à 19^m50) à l'entrée de la baie de Bourgneuf, 7 à 8 toises au mouillage de la Pierre Moine, 10 en face des Moutiers [1], 8 au N.-E. de l'île d'Yeu, 25 au S.-W. Le Pertuis Breton, la rade de Saint-Martin de Ré, celles de la Rochelle et de l'île d'Aix, le chenal de Brouage et la Gironde sont très riches en sondes : *toutes sont erronées*, aussi bien que celles de la baie de Bourgneuf. Les procédés de sondages, un plomb suspendu à une corde à la main [2], étaient trop rudimentaires pour donner des résultats exacts. Il n'en est pas moins fort intéressant de constater que les Hollandais ont été les premiers à doter les cartes marines de cet élément nouveau de renseignements, qui ajoute beaucoup à leur valeur.

Enfin chaque carte est accompagnée de *vues de côtes*, et les notices en renferment un grand nombre d'autres. C'est d'ailleurs la partie la moins réussie de l'ouvrage ; toutes ces vues se ressemblent entre elles, et n'ont qu'un rapport des plus lointains avec l'aspect véritable des régions qu'elles prétendent représenter.

1. Sur la côte à 4 k. dans l'W. de Bourgneuf.
2. Une des vignettes de l'ouvrage représente un marin qui jette la sonde dans la mer.

D'ailleurs, tout en faisant œuvre originale, Waghenaer s'est inspiré de travaux antérieurs : le texte des instructions nautiques accompagnant chaque carte est emprunté aux routiers français et italiens. Celui de P. Garcie notamment est passé tout entier dans Waghenaer[1]. Les cartes également dénotent des emprunts faits à un géographe hollandais de la seconde moitié du XVIe siècle, WILLEMSEN, auteur des « CAERTE VADE OOST ENDE WEST ZEE », publiées en 1587, mais en réalité antérieures à celles de Waghenaer[2] ; sur la carte de l'embouchure de la Loire par Willemsen l'île de Noirmoutier est rattachée au continent, tout comme dans Waghenaer[3]. La filiation est ici évidente. Il en est de même pour les vues de côtes.

Tout compte fait, avec ses qualités et ses défauts, l'atlas de Waghenaer marque une date dans l'histoire de la cartographie marine ; il inaugure les méthodes de levés modernes, que le XVIIe siècle perfectionnera par la suite.

En 1592 Waghenaer publia un autre traité de navigation, établi sur le même plan que le précédent, mais dont le texte a été fortement modifié ; c'est un ouvrage in-folio oblong qui a pour titre : THRESOOR DER ZEEVAERT, INHOUDENDE DE GEHEELE NAVIGATIE ONDE SCHIPVAERT VAN DE OOSTERSCHE, WESTERCHE ONDE MIDDELANTSCHE ZEE, MET ALLE DE ZEE CARTEN DAER TOE DIENENDE. INSGELIJEK HET ONDE VERMAERDE TEES CAERBOEK VAN WISBUY VERWERDERT ENDE VAN ONTALLIJCKE FAUTEN EN VALSCHE

---

1. BEHRMANN, ouvrage cité, p. 14, 20, 25 et 27.
2. IDEM, ibidem, p. 74.
3. IDEM, ibidem, p. 78.

COERSEN GHESUYVERT. MITSGADERS DE STRECKINGHE VAN
RUSLANDT, ENDE IN DE WITTEZEE TOT OMBAY IN LAPLANT.
ENDE OOCH DE STRECKINGE VAN DE MIDDELLANDTSCHE OFT
LEVANTSCHE ZEE, DOOR DE GRICASCHE EYLANDEN TOT
TRAPEZONDE IN ASIEN. ALLES BESCHREVEN DOOR DEN
ERVAREN PILOOT ENDE STUERMAN LUCAS JANSZ
WAGHENAER. GHEDRUCKT TOT LEYDEN, BIJ FRANC
VAN RAPHELENGIEN, VOOR L. J. W., AMSTERDAM, ANNO
1592. Nous n'avons pas eu cet ouvrage entre les mains[1],
mais seulement une traduction française faite en 1601
par un Calaisien nommé D'ASEVILLE : THRESORERIE OU
CABINET DE LA ROUTTE MARINESQUE : CONTENANT LA
DESCRIPTION DE L'ENTIÈRE NAVIGATION, ET COURS DE LA
MER SEPTENTRIONALE, D'ALLEMAIGNE, D'ANGLETERRE ET
D'ESCOSSE, FRANCE ET ESPAIGNE ; ET EN PARTICULIER
CHASQUE COSTE DE FRANCE, ESPAIGNE, ISLES DE CANARIE
ET FLAMANDES, DE L'ESTROIT DE GRIBRALTARA, D'IRLANDE,
ANGLETERRE, ESCOSSE, NORWÈGE, FINLANDE, RUSLANDE,
MOSCOVIE : EN OULTRE TOUTES ET CHACUNE COSTE OU
RIVAGE DE LA MER MEDITERRANÉE D'ALLEMAIGNE. AVEC
LES COSTES DE JUTLANDE, DE L'ELBE, WESER, LA EEMSE
ET FRIZE, ENSEMBLE DE LA MER MEDITERRANÉE, DICTE
VULGAIREMENT ZUYDERZEE, OU MER DEL SUR EN HOLLANDE,
ET LES WILINGES DE ZELANDE. LE TOUT ACCOMPAGNÉ
AVECQ SES CHARTES MARINES Y REQUISES, ARTIFICIELLE-
MENT ET AU VIF ENTAILLÉES EN LAME DE CUIRE.

NOUVELLEMENT MIS EN LUMIÈRE PAR L'EXPERT ET
RENOMMÉ PILOTE LUCAS JANSZ WAGENAER.

AUSQUELLES SONT ADIOUSTEZ CERTAINS DISCOURS ET

---

1. Nous donnons le titre d'après BEHRMANN, ouvrage cité, p. 107.

VÉRITABLES RÉCITS COMME ON PEULT NAVIGANT ENVIRON-
NER LA TERRE. ITEM CINCQ MOYENS ROUTTES OU ERRES DE
MER, POUR VENIR EN CHINA. UN TRAICTÉ DE LA VARIATION
DU QUADRAN DE MER, CERTAINES QUESTIONS CONCERNANT
LA NAVIGATION. LE COMMERCE DES MARCHANDISES EN
L'INDE ORIENTALE ET QUELLES DENRÉES ON APPORTE DE LA
EN CES PAYS PAR DEÇA.

IMPRIMÉ AUX DÉPENS ET POUR BONAVENTURE
D'ASEVILLE, MARCHANT LIBRAIRE DEMOURANT A CALAIS,
L'AN DE GRACE 1601.

In-f° oblong, de 176 pages. — Bibl. Nat., cartes,
Ge FF 3426.

Dans sa dédicace à M. de Vic, conseiller d'Etat et
gouverneur de Calais, d'Aseville dit qu'il a entrepris de
lui « présenter et dédier le translat en François d'un
Livre faict en Flamand intitulé le Trésor de la navigation,
œuvre si accomply qu'on peut dire comprendre la moelle,
la substance et la quintessence de ce que tous les devanciers en ont escript... »

Les cartes qui accompagnent le texte sont une réduc-
tion adaptée au format du livre de celles qui se trouvent
dans le premier atlas de Waghenaer. Les côtes de
Bretagne et de Poitou forment une seule carte, de 19·m
sur 54, insérée page 72 de la traduction de d'Aseville :
« BESCHREIJVINGE VAN DE ZEECOSTEN VAN BRETAIGNE
ENDE POICTIERS : HOEMEN DE RIVIEREN ENDE HAVENEN
SAL BESEILEN, MIT SGADERS DE EIJLANDEN, CLIPPEN ENDE
ANDER ONDIEPTE DAER VORENGHELEGEN. / DESCRIPTIN
(sic) DES COSTES MARITIMES DE BRETAGNE ET POICTOU :
LE MOYEN D'ENTRER LES RIVIÈRES ET PORTZ D'ICELLES ;

ENSEMBLE ISLES, ESCUEILS ET AUTERES EMPECHEMENTS A L'ENTRÉE DESITS PORTS ET RIVIÈRES.

Echelle de 15 milles allemands au degré = 28 $^{m}/_{m}$, soit 1/3.964.000. Cette carte dessinée par Benjamin Wright, renferme quelques erreurs qui ne figurent pas sur celles dressées par Waghenaer en 1583. Le nom de *Noumoustiers* (Noirmoutier) est porté sur le continent, celui de *Marenes* est reporté à 35 km. en amont de l'embouchure de la Seudre, où figure *Marne*, déformation de Marennes. La ville est donc portée deux fois sur la carte. A côté de ces défauts, il y a à noter un progrès : tout en conservant à Noirmoutier la forme donnée par Waghenaer en 1583, la nouvelle carte indique un chenal sur l'emplacement du goulet de Fromentine, restituant ainsi à Noirmoutier son caractère d'île. Par suite de la réduction de l'échelle, les sondes sont moins nombreuses que dans la première édition.

Ces atlas de Waghenaer constituaient une nouveauté tellement remarquable que les éditeurs de tous les pays s'en emparèrent et en copièrent les cartes; jusqu'à l'apparition du Neptune français en 1693, ils restèrent le recueil fondamental de cartes marines. Nous donnons ici la liste des reproductions que nous avons pu en trouver.

Dans le recueil de Judocus HONDIUS figure une carte de France, intitulée : GALLIA. — NOVA TOTIUS GALLIAE DESCRIPTIO, DEINTEGRO (COLLATIS OMNIBUS, QUAE EXTANT, PARTICULARIBUS PROVINCIARUM DESCRIPTIONIBUS) NON SIGNE MAGNO LABORE ET CURA EMENDATA, IN EAQZ ARCHIEPISCOPATUS, EPISCOPAT. OMNES, ACADEMIAE AUTEM ET PARLAMENTA SINGULA SUIS QUÆQUE NOTIS

DISTINCTA A JUDOCO HONDIO. ANN. Dⁿⁱ 1600. AMSTE-
RODAMI. — 50^{·m} × 48. 30 lieues égalent 50 ^m/_m.

Elle se trouve à la bibliothèque Nationale, section des
cartes, sous les cotes *Ge DD 627* (carte n° 1) et *B 1707*
(66). Elle est insérée dans l'atlas de MERCATOR, (Bibl.
Nat. *Ge DD 1200)* pages 246-247, sous le titre : GALLIÆ
SUPRA OMNES IN HAC FORMA EDITIONES LOCUPLETISSIMA
ET EXACTISSIMA DESCRIPTIO. AUCTORE HENRICO HONDIO,
et a été copiée en 1637 par MELCHIOR TAVERNIER :
L'EMPIRE FRANÇOIS. A PARIS, CHEZ M. TAVERNIER, 1637
(Bibl. Nat. section des cartes, exposée sous le n° 240).
Dans toutes ces reproductions, le dessin des côtes est
emprunté à Waghenaer, mais avec adjonction d'erreurs :
l'île d'Yeu est confondue avec Noirmoutier : *I. Nermons-
tier aliis Heys*. Le tracé original est souvent altéré par
suite de la réduction de l'échelle.

Les pilotes dieppois s'emparèrent à leur tour des
travaux de Waghenaer. JEAN DUPONT[1] dresse en 1625
la carte des « COSTES DEPUIS SAINT-JEAN DE LUZ JUSQU'A
LA POINTE DU RAZ, PAR DU PONT, 1625. — PLAN. A
MONSIEUR DE LAUZON CONSEILLER DU ROY EN SES CON-
SEILS D'ESTAT ET PRIVÉ MAISTRE DES REQUESTES ORDI-
NAIRES DE SON HOSTEL ET PRÉSIDENT EN SON GRAND
CONSEIL CE PLAN FAICT 1625 PAR JEAN DU PONT DE
DIEPPE PILLOTTE EXPÉRIMENTÉ EN LA MARINE. » Elle se
trouve au Service hydrographique de la Marine, *Porte-
feuille 48, pièce 1*. Cette carte manuscrite sur parche-
min, haute de 74^{cm}, large de 57, est une copie de celle de
Waghenaer, avec quelques modifications, touchant la

---

1. Sur Dupont, voir Congrès géogr. de 1904, ouvrage cité, p. 165.

forme de l'île d'Oléron et l'indication des salines de
Brouage, ainsi que la nomenclature. Elle exagère certaines
erreurs du géographe hollandais, en réduisant à 2 lieues
(11 kilom) la distance de Fromentine aux Sables d'Olonne, en mettant le Port du Plomb sur l'emplacement de
Charron, en donnant au cours inférieur de la Charente
une largeur de 10 kilom., et elle en introduit de nouvelles
en plaçant le mot Saintonge à cheval sur la Loire et l'île
d'Yeu à 4 lieues dans l'ouest de Noirmoutier. Les sondes
ne sont pas indiquées.

En 1627, JEAN GUÉRARD, qui portait le titre d'*Hydrographe du roi* et remplissait les fonctions de commissaire examinateur des pilotes à l'école de Dieppe [1], publie une « DESCRIPTION HIDROGRAPHIQUE DE LA FRANCE.
CARTE FAITTE EN DIEPPE PAR JEAN GUÉRARD. 1627. »
Ce document est conservé comme le précédent au Service
hydrographique de la marine, *portef. 32, pièce 1*. Il se
compose de deux feuilles de parchemin mesurant chacune
61^{cm} sur 81. Le tracé du littoral est entièrement copié sur
Waghenaer, ainsi que les sondes, mais la côte d'Aunis est
déviée vers l'E, de sorte que la Sèvre coule du S au N et
que la baie de la Rochelle prend la même orientation. Le
port de Saint-Gilles sur-Vie figure à la fois sur les deux
rives du Goulet de Fromentine.

Une copie (*portef. 32, carte 1'*), en une seule feuille,
comporte en outre une notice détaillée sur les ports et les
mouillages, dont nous avons trouvé un second exemplaire
à la Bibliothèque Nationale, *Manuscr. français 6416*,
feuillets 199-206, sous le même titre : DESCRIPTION HIDRO-

1. Congrès cité, p. 165.

GRAPHIQUE DE LA FRANCE. 1627, sans nom d'auteur. La comparaison des deux textes nous a prouvé, que malgré quelques légères variantes, c'était bien le même ouvrage et que le manuscrit de la Bibliothèque Nationale doit être attribué à Jean Guérard.

Toujours au même dépôt de la marine, *port. 32, pièce 5,* se trouve une carte manuscrite des « COSTES DE FRANCE SUR L'OCÉAN ET SUR LA MÉDITERRANÉE » en hollandais, décorée des armes du roi de France. 61^m × 66^{cm}. C'est une copie de Waghenaer, sans aucune modification ; un carton spécial pour la Gironde y figure comme dans l'Atlas.

Le *portefeuille 32* renferme encore, *pièce 2,* une carte manuscrite du SIEUR DE LAMBETY-COLIN, datée de 1676, aux armes de Colbert. Elle mesure 1^m de haut sur 1^{m}30 de large et donne les côtes de France depuis le Calvados jusqu'aux Landes. C'est une bonne reproduction de Waghenaer, dont elle ne s'écarte que sur quelques points : d'abord par le mode de dessin, le littoral étant figuré comme dans les anciens portulans par une succession d'arcs de cercle soudés les uns aux autres, et les noms des îles étant écrits à l'envers ; ensuite par la figuration de la digue de Richelieu à l'entrée de la baie de la Rochelle, et par l'exagération des dimensions de l'île de Bouin. Les chiffres des sondes ne sont indiqués que dans les estuaires de la Loire et de la Gironde.

Les ouvrages de Waghenaer n'ont pas tardé à être contrefaits en Hollande même par l'éditeur BLAEU, qui substituant son nom à celui du véritable auteur, en a publié pendant la première moitié du XVIIe siècle une série d'éditions sous des titres différents, mais sans en changer la matière. Le nom de Waghenaer cesse de figurer sur les cartes, dont les titres sont également modifiés, tandis que le dessin reste le même. C'est ainsi que Blaeu publia en 1608, à Amsterdam, un atlas intitulé HET LICHT DER ZEEVAERT [1], dont il donna en 1620 une traduction française :

LE FLAMBEAU DE LA NAVIGATION, MONSTRANT LA DESCRIPTION ET DÉLIMITATION DE TOUTES LES COSTES ET HAVRES DE LA MER OCCIDENTALE, SEPTENTRIONALE ET ORIENTALE. — *Selon les instructions des plus entendus Autheurs des Escrits de marine, et déclarations des plus expérimentez Pilotes : illustré de diverses Cartes marines, et comprins en deux Livres. — A quoy est adjoustée une instruction de l'art de Marine, avec Tables de la Déclination du Soleil suivant les observations de Tycho Brahé, dressées sur le méridian d'Amsterdam : Ensemble nouvelles Tables et représentation du droit usage de l'Estoile du Nord et autres Estoiles fixes : Œuvre fort utile à tous Pilotes et Mariniers. — Par Guillaume* JANSZOON. — *A Amsterdam. Chez Jean Jeansson demeurant sur l'eau à la Carte marine. 1620.*

Grand in-4° carré. — Biblioth. Mazarine, *15895.* Biblioth. du Dépôt des Cartes et Plans de la Marine, à Paris, n° *807.*

Une seconde édition de l'ouvrage hollandais parut en 1634 à Amsterdam sous le titre de HET NIEUWE LICHT DER ZEEVAERT, et elle fut à son tour traduite en français l'année suivante :

LE NOUVEAU PHALOT DE LA MER, NOMMÉ LA CLEF DU TRÉSOR, MIROIR, ET COLOMNE FLAMBOIANTE DE LA GRANDE

I. W. BEHRMANN, ouvrage cité, p. 108.

NAVIGATION MARINE, *c'est à dire, Claire et certaine Description de la Navigation Orientale, Occidentale, Méridionale et Septentrionale, le tout enrichy avec tres parfaites et exactes Cartes Marines, Elevations des Pays, Havres, Bayes et Rivières, demonstrations des Bancs, Sables, Escueils et Sèches ; Distance des Places, ainsi qu'elles sont distantes l'une de l'autre en lieues, degrez, et l'ordre du Compas. En oultre, — un voyage de la Nouvelle Espaigne, auquel sont déclarées les courses et advenües depuis le Destroit de Magellanes, jusques au Havre de Guatulco, situé en la Nouvelle Espaigne. — Fidèlement traduit de Flameng en François par Gerard Bardeloos. — Amsterdam, chez Jan Jansson, Libraire demeurant sur L'eau à la Carte Marine. Anno 1635.*

Biblioth. de la Marine, à Rochefort, *1104.*

Dans le livre II, chapitre IV, figure la carte suivante : *Carte 4.* VRAY POURTRAICT DES COSTES MARINES DE BRETAGNE ET POICTOU, SITUEZ ENTRE LES SEEMSES ET L'ISLE DE RÉ, ENSEMBLE TOUTES LES ISLES, BANCS DE SABLE, SECHERESSES ET IMPROFONDITEZ LA ENVIRON, COMMENT COMMODIEUSEMENT ON NAVIGERA LES DICTZ LIEUX, ET EVITERA TOUS PERILZ.

Au chapitre V, la *Carte 5* est intitulée : POURTRAICT DES COSTES MARINES DE LA FRANCE, DE OLONE VERS LE ZU IUSQUES A BAYONE, ET DE BISCAYE JUSQUES AU CAP DE MACHICACA, SELON SES VRAYES DISTANCES DE LIEUS, ROUTES ET HAUTEURS DU POLE.

Ces deux cartes sont la reproduction de celles de l'édition de 1592, Thresoor der Zeevaerdt, sans le nom de Waghenaer. On y a ajouté une échelle des latitudes, graduée par minutes d'arc, qui traverse les cartes du Sud au Nord par leur milieu. Quelques noms de lieux manquent en outre dans la nomenclature de Noirmoutier. Ce sont les seules modifications à signaler.

On retrouve de nouveau les cartes de Waghenaer reproduites dans BLAEU :

SEESPIEGEL INHOUDENDE EENKORTE ONDERWYSINGHE INDE KONST DER ZERVAERT, EN BESCHRYVINGHE DEB SEEN EN KUSTEN VAN DE OOSTOCHE, NOORDSCHE EN WESTERSCHE SCHIPVAERT. WT ONDERVINDINGHEN VAN VEEL ERVAREN ZEEWARDERS VERGARDERT EN'T SAMEN GHESTELT DOOR WILLEM JANSZ·BLAEUW. TOT AMSTERDAM, GHEDRUCKT BY WILLEM JANSZ BLAEUW, IN VERGULDE SONNEWYSER. 1631. 2 vol 4° [Bibl. Nat. *Ge FF. 829*].

Les côtes du Poitou se trouvent tome II, livre IV, pages 88 et 89.

L'île de Ré est figurée d'après le levé français de 1627, dont nous parlerons plus loin, ainsi que la Flèche de l'Aiguillon ; ce sont les seuls changements à noter.

En outre de l'édition hollandaise, Blaeu en publia en langue anglaise, sans aucun changement : THE SEA BEACON CONTAINING A BRIEFE INSTRUCTION IN THE ART OF NAVIGATION ; AN THE DESCRIPTION OF THE SEAS AND COASTS OF THE EASTERN, NORTHERNE, AND WESTERNE NAVIGATION ; *collected and compiled together out of the Discoveries of many Skilfull and expert Sea-men, by William Johnson* BLAEU, *and Translated out of Dutch into English by Richard Hynmers. — Amsterdam, Printed by John Willamson Blaeu. 1643.*

Biblioth. de l'Université, à la Sorbonne, *HV a 72 Gr.* in-fo [1].

---

[1]. Nous ne connaissons pas d'autre édition anglaise en France. Celles que cite BERHMANN (p. 109) manquent dans nos dépôts.

L'année suivante, en 1632, un autre Hollandais, COLOM, publiait à son tour les mêmes cartes dans son Spiegel der Zee : DE VYERIGHE COLOM WAER DOOR DE ZEEN EN CUSTEN VAN DE NOORDSCHE, OOSTERSCHE, EN WESTERCHE SCHIPVAERT CLAER VERLICHTET, EN DE FEYLEN EN MISSLAGEN VAN'T VOORGANDE LICHT, OF SPIEGEL DER ZEE NAECKTELIJCK VERTHOONT EN VERBETERT VERDEN. UYT ONDERVINDINGEN VAN VELE ERVAREN ZEEVAERDERS T'SAMEN GEBRACHT, EN BESCHREBEN : DOOR JACOB AERTZ. COLOM.

T'AMSTERDAM, BIJ JACOB AERTSZ COLOM, OP'T WATER INDE VYERIGHE COLOM BEJ DE CORENMERCKT. ANNO 1632.

Dans la seconde partie, 3e livre, la planche 36, intitulée : DE CUSTEN VAN POITOU EN XANTOIGNE VAN DEN CARDINAEL TOT DE RIVIÈRE VAN BOURDEAUX, reproduit exactement celle de Blaeu. L'échelle est voisine du 500.000e (10 milles français de 20 au degré = 116 $^{m}/_{m}$).

Un demi-siècle plus tard, en 1684, l'ouvrage de Colom fut traduit par le graveur YVOUNET : LE GRAND ET NOUVEAU MIROIR OU FLAMBEAU DE LA MER CONTENANT LA DESCRIPTION DE TOUTES LES COSTES MARINES OCCIDENTALES ET SEPTENTRIONALES, DESMOMTRANT EN PLUSIEURS CARTE TRÈS NÉCESSAIRE (sic) TOUS LES PORTS, FLEUVES, BAYES, RADES, PROFONDEURS ET BANCS CHASCUN TRÈS EXACTEMENT COUCHÉ SELON LEUR VRAYE HAUTEUR POLLAIRE, ET POURVEU DES DÉCOUVREMENTS DES TERRES PRINCIPALES, ET A QUEL COURS ET DISTANCE ELLES SONT SITUÉES LES UNES DES AUTRES. TRADUIT DE FLAMAN EN FRANÇOIS PAR PAUL YVOUNET. A AMSTERDAM, CHÉS

Henri Donker, rue de Nieu-Brugstegue, a l'enseigne
des Utensiles de Pilots. l'an 1684.

C'est encore à Waghenaer que l'Anglais Dudley a
emprunté le dessin des cartes d'un atlas universel qui
parut à Florence en 1661, sous le titre de : Arcano del
mare di D. Ruberto Dudleo duca di Nortumbria,
e conte di Warwich. *Tomo secondo contenente il libro
sesto, nel quale si tratta delle Carte sue Geografiche, e
Particolari. Impressione Seconda. Corretta, et accresciuta,
secondo l'Originale del Medesimo Eccellentiss. Signor Duca,
che si conserva nella Libreria del Convento di Firenze della
Pace, Con l'Indice de' Capitoli, e delle Figure, e Istruzione
à Librai per legarle. Al Senerissimo Ferdinando Secondo
Granduca di Toscana. — In Fiorenza, MDCLXI. Nella
nuova stamperia, per Giuseppe Cocchini, all'insegna della
Stella.*

Gr. in-f°. — Biblioth. du Dépôt des Cartes de la
Marine, 747.

Il existe à la Bibliothèque Nationale, section des
Cartes, *C 17733*, une série incomplète de cartes de
cet atlas, qui est annexée au recueil suivant : Lucini,
*Atlas maritime de l'Europe, de l'Asie, de l'Afrique et de
l'Amérique*. Les côtes de France s'y trouvent en totalité.
Deux de ces cartes renferment la partie du littoral comprise entre la Loire et la Gironde. En voici les titres :

Carta particolare della Costa di Guasconnia in
Francia che comincia con il Fiume di Burdeaux e
Finisce con l'Isola di Heijs. *di Europa Carta XXIIII.*
A. F. Lucini fece.

Carta particolare della Brittania bassa in
Francia che comincia con il capo Armentice è Finisce

CON IL CAPO FORNE. *di Europa Carta XXV. — A. F. Lucini fece.*

La projection est celle de Mercator, le méridien initial passe par l'île de Picco dans les Açores. Quelques très légères variantes distinguent ces cartes de celles de Waghenaer. D'abord le tracé du littoral est figuré par un simple trait, sans hachures, simulant des falaises ou des dunes, comme dans l'original hollandais. Ensuite la côte des Sables d'Olonne est moins rectiligne que dans Waghenaer, mais sans être plus exacte pour cela. La baie d'Aiguillon est rétrécie tout en restant fantaisiste. On ne saurait, à notre avis, imputer ces différences à des corrections, mais simplement à des libertés prises par le dessinateur avec son modèle. Les grosses erreurs de celui-ci sont toutes fidèlement reproduites : erreurs de latitude et de longitude, erreurs d'orientation. La Gironde coule d'E. en W., la Sèvre du N. au S., la Loire du N. E. au S. W., suivant un tracé identique à celui de Waghenaer. Noirmoutier reste soudé au continent. En outre on y relève des fautes de transcription dans la nomenclature : *Maminesont*, Laccerdin, Urek, Lasson, P. Marane, Chatdaillon, Tour de Fout, Picudiét (carte 24) ; Norurnoster, Armentice (carte 25). Ces cartes de Dudley ne constituent nullement un progrès sur celles de Waghenaer.

Nous nous contenterons de citer seulement les titres de quelques autres reproductions de Waghenaer, datant de la seconde moitié du XVIIe siècle, qui se trouvent à la Bibliothèque du dépôt des cartes de la marine, à Paris :

795. — L'ATLAS DE MER OU MONDE AQUATIQUE, *Remontrant toutes les côtes de la mer, à sçavoir de la*

partie connue de l'univers, avec une générallc et exacte
description d'icelles. Fort propre et commode pour tous
maîtres, Capitaines de navires et Pilots ; comme aussi
marchands et autres, pour s'en servir sur leurs comptoirs.
Nouvellement mis en lumière. — A Amsterdam, chez Henri
DONKER, *l'an 1667.* Renferme une carte du Golfe de
Gascogne : PAS-KAERT VAN DE BOCHT VAN VRANCKRIJCK,
BISCAJEN EN GALISSEN ; SUSSCHEN HEYSSANT EN C. DE
FINISTERRE. — *T'Amsterdam, bij Hendrick Donker, 1664.*

Echelle : 10 milles = 34$^{m/m}$, soit $\left(\dfrac{1}{1.633.000}\right)$. Reproduction de la carte de 1592.

796. — L'ATLAS DE LA MER OU MONDE AQUATIQUE,
représentant toutes les côtes marines de l'univers découvertes
et cognues. Très nécessaire et commode pour tous Pilotes,
maîtres de navires et marchands, mis nouvellement en
lumière et imprimé, A Amsterdam, chez Pieter GOOS, *1670.*

C'est une mauvaise contrefaçon de Donker.

794. — KLAER-LICHTENDE NOORT-STAR OFTE ZEE-
ATLAS ; *Waer in vertoont wordt, De gelegenheydt van alle*
de Zee-Kusten des Geheelen- Artbodens. Nieuwelicks nyt-
gegeven, door Johannes VAN LOON. — *T'Amsterdam By*
Joannes Janssonius van Waesberge, en Johannes van Loon.
1668.

Une carte des côtes occidentales de France, DE CUSTEN
VAN POICTOU, XANTOIGNE EN EEN GEDEELT VAN BRETAIGNE
VAN BOELYN TOT AEN DE RIVIER VAN BOURDEAUX, à
l'échelle de 5 milles = 52 $^{m/m}$, ne diffère de la carte de
l'édition de 1592, que par le dessin de l'île de Ré, emprunté
au levé de 1627. On y trouve en outre les noms des Pertuis :
Pertuis Bertons, Porthus Antioche. Ce dernier nom est à

rapprocher de la forme *Portuxo*, qui se rencontre au xvᵉ siècle [1].

Enfin en 1695 l'éditeur VAN KEULEN imprimait une dernière reproduction de Waghenaer : DE GROOTE NIEUVE VERMEERDERDE ZEE-ATLAS OFTE WATER WERELT, VERTOONENDE IN SIGH ALLE DE ZEE-KUSTEN DES AARDTRYKS, BESTAENDE IN SEER NETTE KAERTEN, SOO PLATTE ALS WASSENDE GRADEN, WAER VAN EENIGE VAN DE MISWIJSING VERBETERT ZIJN, 'T WELK OOKTE TE SIEN IS OP DE TIJTEL VAN DE KAATEN, EN NOCH VERMEERDERT MET VERSCHEYDE KAARTEN VAN GROOT BESTECK. SEER DIENSTIGH VOOR SCHIPPERS, STUURLIEDEE, EN LIEFHEBBERS DER GROOTE ZEEVAERT.

T'AMSTERDAM, BY JOHANNES VAN KEULEN, BOEVERKOOPER EN GRAET-BOOG-MAKER, TEGEN OVER DE NIEUBRUG, IN DE GEKROONDE LOOTSMANN. 1695.

Les côtes du Poitou figurent planches 62 et 63 ; planche 62 : PASKAERT VAN BRETAIGNE, POICTOU EN XAINTONGE. BEGINNENDE VAN ODEGIERNE TOT AAN DE REVIER VAN BOURDEAUX. MET AL SYN DIEPTEN EN DROOGTE. SUS VER NAU-KEURIGH OP-GESTELT EN INGEKORT.

Echelle : 1/580000 environ (10 milles = 95 $^{m}/^{m}$).

Planche 63 : PAS-KAARTE VAN DE GAROMNE OF RIVIERE VAN BORDEAUX.

Echelle 1/200.000 environ (5 milles = 138 $^{m}/^{m}$). Un plan de Bordeaux, sans échelle, occupe le haut de la carte.

En dépit de tous les titres mis par les différents éditeurs, annonçant une édition nouvelle, revue et corrigée,

---

1. Voir plus haut, ch. I, p. 15.

des cartes qu'ils publiaient, celles-ci ont toujours été la reproduction pure et simple de celles qu'avait dressées Waghenaer en 1583. Les libraires ne se sont pas fait faute de les publier sans le nom de l'auteur, faisant passer pour nouvelles des cartes vieilles d'un siècle. Cela prouve du moins que personne, jusqu'à la fin du XVIIe siècle, n'avait pu faire un travail d'ensemble meilleur que celui du grand cartographe hollandais du XVIe siècle.

CHAPITRE IV

Les cartes françaises du XVII° siècle
antérieures à Colbert

Le premier quart du XVII° siècle ne nous a laissé aucun document dénotant qu'il eût été fait pendant cette période des levés nouveaux sur nos côtes entre la Loire et la Gironde. C'est seulement après 1620 qu'apparaissent une série de cartes et de dessins à grande échelle, qui ont exigé pour leur établissement des études sur le terrain.

Un plan à vol d'oiseau de la Rochelle constitue le premier document précis de cette époque : POURTRAICT DE LA VILLE DE LA ROCHELLE, AVEC SES FORTERESSES, COMME ELLE EST A PRÉSENT. A PARIS, CHEZ JEAN LE CLERC LE JEUNE, RUE SAINT-JACQUES. 1621.

$35^{cm} \times 23$. Bibl. Nat. , cartes, *Ge DD 627 (n° 91)*.

Le dessin est accompagné d'une légende explicative : « Description de la ville de la Rochelle comme elle est à présent, de l'antiquité d'icelle, et de ses privilèges. » Le principal intérêt de cette vue réside dans un groupe de

personnages, en costume militaire, qui lèvent le plan de
trois bastions en opérant des visées avec le demi-cercle.
Le dessinateur a figuré le réseau de triangles formé par
la série des visées opérées. C'est très naïf comme représentation, mais on se rend parfaitement compte, grâce à
cette illustration, des modes de levés alors en usage et de
la nature des instruments employés. C'est le graphomètre,
dont l'invention est antérieure à 1609, demi-cercle en
cuivre gradué, avec une boussole au centre [1], qui se trouve entre les mains d'un des observateurs ; un autre tient
à la main une longue-vue, avec laquelle il examine la
ville.

Puis viennent une série d'estampes, en perspective
cavalière, qui ne sont pas des cartes proprement dites,
mais qui n'en sont pas moins utiles à étudier pour l'histoire de la cartographie marine. Elles se trouvent toutes
à la Bibliothèque nationale.

La section des cartes possède, sous les cotes *Ge D 3358*,
et *Ge DD 627 (n° 90-91)* une vue du PERTUIS BRETON,
anonyme, représentant la bataille livrée en 1622 par
le duc de Guise aux Rochelais commandés par Guitton.
L'exemplaire *Ge DD 627 (90)* porte en marge des
annotations, dont l'écriture est du xviiᵉ siècle, concernant
les bâtiments du duc de Guise. Dimensions : 42ᶜᵐ × 40.
On y voit l'île de Ré, la pointe d'Aunis, de la Rochelle au
Plomb, une partie de la baie d'Aiguillon et de la côte N.
du Pertuis. L'île de Ré a une forme grossièrement rec-
tangulaire, la côte N. E. court en droite ligne depuis la

1. Sur ces instruments, voir l'ouvrage du colonel BERTHAUT : *La
Carte de France, 1750-1898. Etude Historique.* Paris, 1898, in-4°,
tome I, p. 6.

Flotte jusqu'aux Baleines. De larges baies échancrent la côte S. W. La pointe de Sablanceau fait défaut ; mais les différents écueils qui accidentent la côte sont signalés : roches de Chauveau, Banc de Cornas (rade de St-Martin), le Rochay (Rocha), roches des Baleynes. Le détroit de la Pallice est d'une dimension exagérée. Au nord se montre la pointe d'Aiguillon en courbe très allongée enserrant l'île de la Dive.

L'épreuve *Ge D 3358 (n° 2)* indique en plus la rivière Saint-Benoist (le Lay) et la pointe de Coreille (pointe des Minimes, au S. de la baie de la Rochelle).

D'autres combats navals entre catholiques et protestants font l'objet d'une série d'Estampes, conservées à la Biblioth. Nat., Estampes, *Recueil de Sièges et Batailles (Iᵉˡ)*.

L'ARMÉE NAVALE DES HUGUENOTS REBELLES ENTIÈREMENT DÉFAITE PAR M. DE MONTMORENCY ADMIRAL DE FRANCE, AVEC LA DESCENTE QU'IL FIT FAIRE EN L'ILE D'OLÉRON LE 17 SEPTEMBRE 1625. 3ᵉ JOURNÉE. DESSIGNE par DUCARLO, INGÉNIEUR ET GÉOGRAPHE ORDINAIRE DU ROY.

A Paris, chez Melchior Tavernier, Graveur et imprimeur du Roy pour les Tailles douces, demeurant en l'isle du Palais, sur le quay qui regarde la mégisserie, à l'Espic d'Or.

Estampes, *Iᵉˡ (fol. 43)*.

Nous ne savons pas à quel titre ce Ducarlo était ingénieur, si c'était un personnage attaché à l'armée et si le levé qu'il exécuta lui avait été commandé par le roi. Toujours est-il qu'il a construit une véritable carte, où la projection en perspective n'altère pas sensiblement le dessin. Elle comprend la moitié N. de l'île d'Oléron, l'île de Ré en entier et la baie de la Rochelle. Les noms du Pertuis Breton, de la Mer Sauvage, de la Rade de la Pallisse, de la Fosse de Loye, du Fief d'Ars [1] y sont portés. On y voit également les dunes de la côte méridionale, les marais salants d'Ars et de Loix, les vignes, qui occupent la moitié de l'île.

Deux autres cartes de l'île de Ré sont encore du même auteur :

L'ORDRE DU COMBAT NAVAL, OU M. DE MONTMORENCY ADMIRAL DE FRANCE ATTAQUA LES HUGUENOTS REBELLES, QU'IL MENA BATTANT JUSQU'A LA FOSSE DE LOYE, OU ILS S'ESCHOUERENT LE 15 SEPTEMBRE 1625. ENSEMBLE LA DESCENTE QU'IL FIT FAIRE EN L'ISLE DE RÉ. PREMIÈRE JOURNÉE. DESSIGNÉ PAR DUCARLO, INGÉNIEUR ET GÉOGRAPHE ORDINAIRE DU ROY.

A Paris chez Melchior Tavernier. MDCXXVI.

98 cm × 72   Estampes, I [er] (fol. 12 bis).

Sur cette carte l'île de Ré mesure 75 cm de long ; elle est orientée E.-W., avec une faible inflexion vers W. 1/4 N.-W. La côte court en ligne droite depuis l'abbaye (au N. de la Prée) jusqu'à la fosse de Loye (Loix), L'île de Loye est isolée en mer, ce qui est une grosse erreur de dessin.

La même carte, en plus petit (49 m 63), figure au folio 42 de la collection indiquée : « LE GRAND COMBAT OU M. DE MONTMORENCY ADMIRAL DE FRANCE CONTINUA

1. Par suite d'une confusion de lecture entre l'f et l'r, on a plus tard écrit Fier d'Ars, Mer du Fier, ce qui n'offre aucun sens. Ce territoire était un fief de la Seigneurie d'Ars.

SA VICTOIRE SUR LES HUGUENOTS REBELLES DEVANT SAINT
MARTIN DE RÉ. A Paris, chez Melchior Tavernier.

Il ne paraît guère douteux que Ducarlo ait exécuté ses
estampes d'après des croquis pris sur place ; il est même
possible qu'il ait assisté aux combats livrés par Montmorency ; mais a-t-il fait de véritables levés topographiques,
c'est ce qui n'est pas démontré. La représentation qu'il
donne de l'île de Ré comporte de telles inexactitudes qu'on
ue peut guère admettre qu'elle repose sur un travail topographique sérieux. C'est un à peu près.

A la même époque se publiaient d'autres cartes de
l'île de Ré,

PLAN DE L'ISLE DE RÉ. DOOR NIELS. 1626.

$35^{cm} \times 25$. Echelle de 1.000 toises = 23 $^{m/m}$, soit
1/84782e. Service hydrographique de la Marine, *portef. 54,
division 5, pièce 1.*

Carte hollandaise qui reproduit certainement une
carte française dont la trace est aujourd'hui perdue.
La partie orientale de l'île est assez exacte, mais la
pointe N., entre Ars et les Portes est mal rendue ; les
Baleines sont à l'W., au lieu du N. W., et à 1500 toises
seulement (3000^m) de Champchardon. La côte d'Aunis
court en ligne droite du S. au N. entre la Rochelle et
Marsilly. Des sondes sont indiquées sur le pourtour oriental de l'Ile ; le brassiage est exact.

Un grand progrès est réalisé par la carte suivante :
« CARTE PARTICULIÈRE DES COSTES DE POITTOU AUNIS, ET
DE LA ROCHELLE ET DU FORT SAINT-LOUIS COMME AUSSI
DE L'ISLE DE RÉ AVEC SES FORTS, 1627. [Anonyme]. A
Paris, chez Melchior Tavernier, graveur et imprimeur du
Roy pour les tailles douces.

51 ^{cm} × 39. Echelle 2 lieues = 111 ^m/^m ou 1/101000.
Biblioth. Nationale, cartes *Ge DD. 627* (n° 54).

Editée à l'occasion du siège de la Rochelle, elle embrasse la côte depuis Jard jusqu'à Angoulins, en indiquant le banc du Grouin du Cou, figuré trop court, et un grand banc de sable, dit la Grande Jument, à l'W. de l'Aiguillon. La flèche de l'Aiguillon se termine à l'ancien fort, placé à la hauteur de l'île de la Dive. Le Lay finit entre la Tranche et la Grande Jument, sans que la flèche de la Faute soit amorcée. L'île de Ré est ce qu'il y a de mieux dessiné dans cette carte ; sa forme est sensiblement exacte, toutefois l'inflexion de la côte vers le N. W. entre Chanchardon et les Baleines n'est pas assez accusée. Les bancs de sable et les récifs du pourtour sont tous portés sur leurs emplacements vrais. Ce document peut dans une certaine mesure être utilisé pour l'histoire de la côte, à la condition de s'en tenir aux indications d'ordre général qu'il renferme, telles que dimensions des cordons littoraux, état des ports et des marais salants.

Sous le titre de : « CARTE DES COTES DE POITOU AUNIS ET LA ROCHELLE DE L'ILE DE RÉ ET SES FORTS » la Bibliothèque Nationale possède (section des cartes, *C 124/3*) un double de cette carte, manuscrit, en couleurs, sans date ni nom d'auteur. Il mesure 84^{cm} sur 57, et est établi à l'échelle de 1 lieue = 81 ^m/^m, soit 1/68000 environ. Dans le bas à gauche sont deux plans : Fort Saint-Martin au 6.300^e, et Fort de la Prée au 3.900^e. Au sud de la pointe de Sablanceau se trouve cette mention : « Rade de l'Objé où les anglais ont fait leur descente. » Il est fort difficile de savoir si l'on a affaire à l'original de la carte gravée précédente, ou bien si c'en est une copie agrandie.

Nous pencherions plutôt pour y voir l'original, mais sans avoir aucune preuve formelle à cet égard. L'auteur est inconnu. Par beaucoup de côtés cette carte ressemble à une carte d'Oléron, par de Châtillon, dont il va être question, qui est de la même année 1627, mais certains détails l'en éloignent : le mode de représentation des dunes et falaises, la forme des hachures qui bordent le littoral ne sont pas les mêmes : ce peut être simplement le fait du graveur, cela peut être aussi l'effet d'une origine différente.

Aussitôt parue, cette carte fut éditée en Hollande par VISSCHER : PARTICULIERE KAERTE VAN DE KUSTEN VAN POITTOU, AUNIS EN ROCHEL, MITSGADERS DE SCHANS St-LOUIS ENDE 'T EYLANDT DE RE OSTE St-MARTIN MET SYNE SCHANSEN. / CARTE PARTICULIÈRE DES COSTES DE POITTOU, AUNIS ET DE LA ROCHELLE ET DU FORT St-LOUIS COMME AUSSY DE L'ISLE DE RÉ OU St-MARTIN AVEC SES FORTS. C. J. VISSCHER EXCUDEBAT A° 1627.

Service hydrogr. de la marine, *portef. 53, pièce 1.*

C'est la reproduction pure et simple de la carte gravée française.

Faute d'indications précises, on ne peut que soupçonner le caractère probablement officiel des cartes de Du Carlo, de celles de 1626 et de 1627, relatives à l'île de Ré. L'hypothèse se change en certitude avec la carte de l'île d'Oléron de 1627.

CARTE DE LA COSTE DE LA ROCHELLE A BROUAIGE ET DE L'ISLE D'OLÉRON. OBSERVÉE PAR LE S^r DE CHATTILLON, INGÉNIEUR DU ROY, 1627. A Paris chez Melchior Tavernier.

38^m × 51. Echelle de 2 lieues = 111 ^{m/m} ou 1/181000.

Bib. Nat. Estampes I^e, *(fol. 11)*; cartes, *Ge DD 627* (n° 54.)

Non seulement l'auteur est un personnage officiel, mais on sait que des ordres avaient été donnés pour dresser une carte d'Oléron[1]. Nous ne savons rien par ailleurs sur de Chatillon, mais son œuvre suffit à le distinguer tout de suite parmi les topographes du XVIIe siècle. Sans être parfaite, la représentation qu'il donne de l'île d'Oléron constitue un progrès énorme sur les travaux antérieurs. La forme générale se rapproche de la réalité. Mais il subsiste des défauts importants : l'île est orientée N.-S, au lieu de N. W.-S. E., le récif des Antiochaux (appelé « Le Antiochaux ») est placé au S. de Saint-Denis tandis qu'il devrait être à la pointe de Chassiron, le nom de Maumusson (appelé « Monmusson ») est appliqué à un banc de sable situé à la pointe S. W. de l'île et non au chenal qui sépare l'île de la terre ferme. Le chenal de Bry (au S. de l'île) est dénommé chenal de *Biy*. L'île est trop large dans la partie méridionale, de même qu'au voisinage de la pointe de Chassiron qui est remplacée par une section de côte courant d'E en W. A part ces critiques, que l'on ne peut se dispenser de faire, on reconnaîtra que le levé de Chatillon contient beaucoup de détails exacts ; les dunes sont figurées ainsi que les marais salants, une nomenclature très riche renferme la plupart des lieux-dits. Il faudra qu'un demi-siècle s'écoule avant que de meilleurs levés soient exécutés par de Clerville et la Favolière.

La carte d'Oléron de Chatillon et celle de l'île de Ré de 1627, ont été réduites et réunies en une seule carte gravée sous le titre de : INSULAE DIVI MARTINI ET ULIA-

1. D'AVENEL, *Correspondance de Richelieu*, t. II, p. 397 (3 mars 1627.)

RUS, VULGO L'ISLE RÉ ET OLÉRON. Sans nom d'auteur ni date. Coloriée à la main.

54^{cm} × 40. Echelle de 2 lieues communes = 67 $^{m}/^{m}$.

Elle figure dans divers recueils : *France, Cartes particulières, t. IV*, (Bibl. Nat., Imprimés, L ⁺⁵ gr. *in-f°*) ; JANSSON, *Le nouveau théâtre du monde ou nouvel atlas* (Biblioth. Nat., cartes *Ge DD 1197*) ; BLAEU, *Le Théâtre du Monde*, 1635. (Bibl. Nat., cartes, *Ge DD 1169*, carte n° 33).

En combinant ces levés avec la carte de Rogier, des éditeurs en ont tiré des cartes d'ensemble dont les différentes parties sont évidemment de valeur très inégale.

C'est d'abord la CARTE GÉNÉRALE DE POICTOU, XAINTONGE, ANGOUMOIS ET PAYS D'AULNIX, sans date ni nom d'auteur ; gravée.

52^{cm} × 38. 10 lieues = 88 $^{m}/^{m}$.

Les îles de Ré et d'Oléron, ainsi que la pointe d'Aiguillon sont empruntées aux levés de 1627, tout le reste à Rogier. Le Pertuis de Maumusson a 2 lieues 1/2 de largeur, la Gironde coule de l'E. S. E. à l'W. S. W, la Charente de l'E. à l'W. Cette carte se trouve à la Bibl. Nationale, cartes, *Portef. 218, n° 3557*, et Imprimés, France, Cartes particulières, t. IV, L ⁺⁵ gr. *in-f°*, n° 56.

C'est elle qui figure agrandie dans l'atlas de TASSIN[1] : CARTES GÉNÉRALE ET PARTICULIÈRES DE TOUTES LES COSTES DE FRANCE, TANT DE LA MER OCÉANE QUE MÉDITERRANÉE, OU SONT REMARQUÉES TOUTES LES ISLES, GOLPHES, PORTS, HAVRES, BAYES, BANCS, ESCUEILS ET ROCHERS PLUS CONSIDÉRABLES, AVEC LES ANCHRAGES ET

1. Sur Tassin, voir GALLOIS, ouvrage cité, appendice III.

PROFONDEURS NÉCESSAIRES. TABULÆ OMNIUM GALLIÆ
LITTORUM ET PORTUUM, QUI IN OCEANO ET MEDITERRANEO
VISUNTUR. Par le Sʳ TASSIN, géographe ordinaire de Sa
Majesté. A Paris chez Jean Messager, 1634, in 4° oblong.

Bibl. Nat., Sect. cartes *Ge DD 815.*

Une autre édition du même atlas parut en 1636, sans
aucune modification, à Paris, chez SEBASTIEN CRAMOISY,
Imprimeur ordinaire du Roy, rue Saint-Jacques aux
Cigognes, MDCXXXVI.

Bibl. de l'Université, à la Sorbonne, *oblong 113* (ancien *H V a 31*).

Ce Tassin était un personnage de marque. Conseiller
du Roy, il appartenait à l'administration militaire en
qualité de commissaire des guerres ¹. Il avait déjà publié
d'autres atlas de France ², quand il entreprit son atlas
maritime, très probablement à l'instigation de Richelieu.
En tout cas il le dédia au Cardinal, « A Monseigneur
l'éminentissime cardinal duc de Richelieu, Pair de France,
Grand-Maistre, Chef et sur-intendant général de la navigation et commerce de ce royaume, etc... ». Le passage suivant de sa dédicace vaut d'être cité : « A qui est
deue plus justement la description de toutes les costes de
la France, qu'à celui qui a la Sur-intendance générale
de la marine et des soins duquel nous nous promettons
que le Roy se va rendre aussi puissant dessus la mer,
qu'il est redoutable sur la terre. Certainement quand je
n'aurais pas été poussé d'inclination à vous dédier ces
fruits de mes travaux, je ne pourrais me dispenser, avec

1. Ses titres figurent dans le privilège donné par le roi le 15 nov. 1631
à son Atlas des côtes de France, en tête duquel il est imprimé.
2. Voir GALLOIS, ouvrage cité.

raison, de vous les venir offrir, puis qu'ils vous appar-
tiennent par un titre si légitime.... »

L'œuvre de Tassin n'est pas originale, comme celle
de Chatillon ; c'est une compilation des cartes alors exis-
tantes, et ses cartes des côtes sont empruntées à des cartes de provinces dont il n'a fait figurer, dans ce recueil
spécial, que la partie littorale.

En tète se trouve une « DESCRIPTION GÉNÉRALE DE
TOUTES LES COSTES DE FRANCE, TANT DE LA MER OCÉANE
QUE MÉDITERRANÉE », sèche nomenclature des îles, caps,
baies, ports, etc., qui occupe 14 pages. Le passage qui
intéresse les côtes du Poitou se trouve page 10. Ensuite
vient l'atlas proprement dit, composé d'une carte générale (tableau d'assemblage) et de 29 cartes particulières.
Toutes celles-ci sont à la même échelle de 1 lieue =
22 $^{m}/^{m}$, soit 1/251930°.

Voici la liste des cartes concernant le Poitou :

Carte 19. — PARTIE DE LA COSTE DE BRETAGNE.

Comprend la Basse Loire et la baie de Bourgneuf.

N° 20. — PARTIE DE LA COSTE DE POITOU.

S'étend de l'île de Noirmoutier à l'île de Ré, inclusivement.

N° 21. — COSTE D'AUNIS. COSTE DE XAINTONGE.

Va de Luçon à la pointe d'Arvert.

N° 22. — COSTE DE SAINTONGE ET COSTE DE MÉDOC.

Embouchure de la Gironde.

Ces quatre cartes sont la reproduction pure et simple
de la « Carte générale de Poictou » citée plus haut. Le
n° 21, coste d'Aunis, correspond exactement à la carte de
Chatillon, « Carte de la Coste de la Rochelle. » L'œuvre
de Tassin ne ressemble en aucune façon à celle du Hol-

landais Waghenaer ; tandis que celle-ci est conçue uniquement pour l'usage des marins, l'autre a bien plutôt en
vue la défense des côtes : elle a un caractère plus militaire que maritime. Elle dérive en partie des travaux des
topographes militaires, on n'y voit pas la trace d'un seul
levé véritablement hydrographique. Il y a là des préoccupations d'un ordre particulier, qui persisteront au temps
de Colbert.

Le siège de la Rochelle, pour lequel on avait dressé
les cartes des îles de Ré et d'Oléron, a été également
l'occasion de levés à grande échelle de la ville et de ses
environs. C'est d'abord en 1627 celui de l'ingénieur militaire SIETTE, dont l'original a disparu, mais dont il subsiste
une copie hollandaise à la Bibliothèque de la Rochelle :

WARE ABHEELDINGHE VAN DE STARKE STADT
ROCHELLE MET ALL SYN FORTIFICATIEN ENDE NIEUWE
WERKEN. *Mitsgaders des Konings Schansen Redouten en
Retranchementen rontom tot Belegeringe der selver Stadt.
Geordonneert ende afgeteykent Door den Heer* DE SIETTE
Ingenieur des Konings van Vanckryck't Iaer 1627.

J. C. Visscher excudebat 1628.

42ᶜᵐ × 29ᶜᵐ. Echelle de 1.000 toises = 115ᵐ/ᵐ, soit
1/17000.

Biblioth. municipale de la Rochelle, *3361.*

La carte de Siette comprend le territoire qui s'étend
depuis Chef de Baie jusqu'à l'Est de La Rochelle et aux
marais salants d'Aytré ; on y voit représentés le Port-Neuf,
qui n'est pas encore complètement envasé, l'estacade
établie sur la digue de Richelieu, le chenal d'accès au
port et les vases découvrant à marée basse ; à cet égard
on ne constate aucun changement appréciable par rapport

à l'état actuel. Le bas de la carte renferme une notice sur la ville intitulée : *Portraict au Vray de la Ville de la Rochelle avec les nouvelles fortifications qu'ils ont faites, et le dessein de l'attaquement et bloquement fait et commencé par Sa Majesté le premier septembre 1627.* A droite figure un carton représentant la côte d'Aunis : *Karte van de Kusten van Rochel. S. Martyn, Oleron, ende de ghelegentheijt daer omtrent.* Le dessin ne tient pas compte du levé de l'île de Ré en 1627, ni de celui de l'île d'Oléron par Chatillon. L'original faisant défaut, on ne peut pas dire si ce carton d'ensemble est de Siette, ou bien de l'éditeur hollandais.

PLAN ET DESSAING DU SIÈGE ET BLOQUEMENT DE LA VILLE DE LA ROCHELLE ENSEMBLE LA CARTE PARTICULIÈRE ET THOPOGRAPHIQUE DES ENVIRONS D'ICELLE, FAICTE ET EXACTEMENT OBSERVÉE, DESSIGNÉE ET GRAVÉE PAR COMMANDEMENT ET PRIVILÈGE DU ROY PAR LE SIEUR H. BACHOT, INGÉNIEUR ET GÉOGRAPHE ORDINAIRE DE SA MAJESTÉ. COMMENCÉ EN MIL SIX CENS VINGT NŒUF ET ACHEVÉ EN MIL VI^c TRENTE

Eschelle mille thoises ou deux milles pas à 3 pieds pour pas qui est un quart de lieue des pais d'Aunis et Province de Poictou. (Environ 1/19000).

Bibl. Nat., Estampes, Ier (f° 47).

Le titre même indique qu'il s'agit d'un levé officiel, exécuté d'ailleurs d'une façon très remarquable. La carte embrasse le littoral depuis le Plomb jusqu'à Angoulins. Très détaillée, comme il convient à une échelle aussi grande, elle donne tous les villages, les chemins, les cultures, les marais salants. On y voit tracées les circonvallations du siège et la digue. Comme détails topographiques intéressants, on relève l'existence du port du Plomb, encore accessible aux navires, tandis que le Port Neuf, à la Rochelle, est presque entièrement envasé et que l'entrée seule en reste libre. Sur le littoral de la baie d'Angoulins les falaises et les dunes sont nettement distinguées et bien à leur place. En haut de la figure un profil de la Rochelle. A gauche une série de dessins encadrés de motifs pittoresques représentent les détails des travaux du siège. C'est à n'en pas douter l'œuvre d'un ingénieur militaire, appartenant au corps des fortifications.

On ne saurait passer sous silence, bien qu'il s'agisse de dessins et non de levés topographiques, les estampes consacrées par Callot au Siège de la Rochelle. Dans son ouvrage sur la Carte de France, tome I, le colonel Berthaut écrit (page 1) que les cartes dressées pendant le règne de Louis XIII, sont des « vues perspectives à vol d'oiseau. Parmi ces images on distingue quelques œuvres de Callot, entre autres les vues de sièges de la Rochelle et de l'île de Ré... Ce sont des peintures et non pas des descriptions géométriques du terrain. » Ces appréciations sont exactes en ce qui regarde Callot ; elles le sont déjà moins à l'égard de Du Carlo et ne le sont plus du tout pour les cartes de l'île de Ré de 1626 et de 1627 et pour la carte d'Oléron par Chatillon. Or il se trouve que les représentations à vol d'oiseau de l'Aunis et de l'île de Ré qui figurent dans Callot sont empruntées à la carte de 1627, comme il est aisé de s'en convaincre en comparant les deux documents.

Les dessins de Callot se trouvent à la Bibl. Nat., Estampes, JACQUES CALLOT, *Ed 25*, et : *Recueil de Sièges et batailles*, *I*[e1]. Ils forment 4 planches in-folio. Un ·

en-tête, inséré à part dans le recueil Ier (f° 53) porte :
« Callot, à tout l'univers et à la postérité pour la gloire
perpétuelle du roi tres chrestien Louis le Juste.... » ; un
autre en-tête (f° 57) est ainsi rédigé : « Callot à tous les
potentats de la terre et à tous ceux qui possèdent et domi-
nent les mers pour la gloire perpétuelle du roi tres chrestien Louis le Juste... » — « Fait à Paris le douzième mars
mil six cens trente un. »

La Vue de l'Ile de Ré (f° 60) est une projection en
perspective de la carte de 1627. Les roches et bancs de
Lavardin, de Chauveau, de Chardonchamp, du Martray
et des Baleines sont représentés par des pointes triangu-
laires incurvées qui sont la reproduction exacte du dessin
de la carte. Un détail d'exécution aussi typique suffit à
lui seul à démontrer la filiation des deux documents ; en
outre il semblerait démontré que Callot n'est pas allé dans
l'île de Ré, car il dessine comme une falaise la pointe de
Sablanceau qui est une flèche de sable au niveau de la
mer : s'il l'avait vue lui-même, il n'aurait certainement
pas commis cette erreur.

La vue de la rade de la Pallice (f° 59), prise du Plomb,
montre simplement une anse pour des barques de pêche.

Celle de la Baie de la Rochelle et de l'anse
d'Angoulins (f° 55) est plus intéressante : c'est un grand
dessin de 1 m 32 sur 0,51 cm, à l'échelle de 1.000 toises =
200 m/m, ou du 9750e. L'indication d'une échelle pourrait faire croire que Callot ait exécuté un levé lui-même.
Il n'en est rien. En réalité il a agrandi la carte de Bachot
exactement du double ; tous les détails de la côte sont les
mêmes. C'est encore d'après Bachot qu'il a donné la vue
de la Rochelle, qui complète l'ensemble de son travail.

Ce sont les levés des ingénieurs qui lui ont servi à construire ses tableaux, il n'a pas fait par lui-même œuvre de topographe.

A côté des levés ordonnés par Richelieu et utilisés par Tassin et par Callot, les cartes que les géographes ont continué à éditer font piètre figure. Elles perdent désormais tout intérêt, autre qu'un intérêt historique ; nous nous contenterons de les énumérer sans entrer dans de grands détails à leur sujet.

PICTAVIÆ DUCATUS DESCRIPTIO. CARTE DU DUCHÉ DE POICTOU. PEYROUNIN FECIT. A Paris, chez Mariette, rue St Jacques, à l'Espérance [sans date].

Gravée, $0^m 52 \times 0^m 38$. 8 lieues communes $= 6^{cm}$.

Bibl. Nat. cartes, *Pf. 218, n° 3558.*

Peyrounin était un graveur de la seconde moitié du XVIIe siècle dont le nom se lit sur un assez grand nombre de cartes de cette époque. Sa carte paraît être une mauvaise imitation de celle de Mercator. Elle figure également dans BLAEU, *Théâtre du Monde*, carte 48 : *« Pictaviæ ducatus descriptio, vulgo le Pais de Poictou. Apud Guljelmum* BLAEU.

Bibl. Nat., cartes, *Ge DD 1169* et *C 17004.*

Il est assez difficile de déterminer les sources où a puisé SANSON D'ABBEVILLE pour tracer le littoral de l'Atlantique dans sa carte du « GOUVERNEMENT GÉNÉRAL D'ORLÉANS, SUIVANT LES DERNIERS ESTATS GÉNÉRAUX,... PAR N. SANSON D'ABBEVILLE, GÉOGRAPHE DU ROY. Chez l'autheur et chez Pierre Mariette, rue Saint-Jacques, à l'Espérance. Avec privilège du Roy pour 20 ans, 1650.

$53^{cm} \times 40$: Echelle de 15 lieues communes $= 57$ $^{m/m}$.

La carte a été gravée par Peyrounin. Les positions en

latitude sont satisfaisantes (Noirmoutier, 47° ; la Rochelle 46°5.), mais l'île d'Yeu fait défaut. Somme toute, la carte paraît être une compilation des cartes générales jusqu'alors publiées.

Le neveu de Sanson, P. Duval, en a reproduit à plus grande échelle la partie relative à l'Aunis et à la Saintonge : La rivière de Bourdeaux avec Les costes de Saintonge et Aunis, Les Isles de Ré et Oléron, par P. Duval, géographe ordinaire du Roy. [Sans date].

Manuscrite. 76ᶜᵐ × 56. Echelles de 10 lieues de 2.500 pas géométriques = 104 ᵐ/ᵐ, soit environ 1/400.000ᵉ.

Bibl. Nat., cartes, *Pf. 85 AB 29.*

Dans le bas se trouve un « *Plan horizontal de la ville de Bourdeaux* » qui ne comporte que le tracé de l'enceinte de la ville. 21ᶜᵐ × 40ᵐ.

Cette carte manuscrite est l'original de la carte gravée suivante : « La Guienne, Médoc, Saintonge, Aunis et pays voisins avec les Isles de Ré et d'Oléron, par P. du Val d'Abbeville, géographe ordinaire du Roy, 1653. A Paris chez M. Bercy, au bout du Pont Neuf, proche les Augustins, aux 2 globes.

37ᶜᵐ × 48. Echelle de 8 lieues de 2500 pas = 79ᵐ/ᵐ.

Cette dernière fait partie d'un atlas de Duval intitulé : Cartes de géographie les plus nouvelles et les plus fidèles, Avecques leurs divisions régulières, suivant les mémoires de P. du Val, géographe ordinaire du Roy. A Paris, Rue des Bons-Enfants, Au monde Royal MDCLV.

Biblioth. de l'Université, à la Sorbonne, *HV a 57 gr. f°.*

Elle est suivie de la carte de Leclerc de 1627, et celle de Chàtillon.

Le HAUT ET BAS-POICTOU, PAR P. DUVAL, géographe ordinaire du Roy. A Paris chez Mlle Duval, fille de l'Auteur, sur le quai de l'Horloge, près le coïn de la rüe de Harlay, à l'Ancien Büis. Avec privilège du Roy. 1689.

32:m × 57. Echelle de 8 lieues de 3000 pas = 89 m/m.

Bibl. Nat., cartes, *Pf. 218, n° 3559* ; imprimés, *L ¹⁴⁄₅ gr.-f°*.

Le dessin de la côte, qui s'étend depuis Noirmoutier jusqu'à Chatelaillon, est très mauvais ; c'est une imitation défectueuse de la carte de Sanson de 1650. Elle est à son tour mal reproduite dans la réduction intitulée POICTOU, par P. DUVAL, géographe du Roy, sans date. 10:m× 12cm.

Bibl. Nat. cartes, *Pf. 218, n° 3562*.

Il y a de grandes analogies avec la carte de Sanson dans la carte anonyme suivante : POITOU, SAINTONGE, ANGOUMOIS ; sans date. L'exemplaire de la Bibliothèque Nationale, cartes, *B 951 (40)* a été extrait d'un atlas. Il comporte quelques rectifications à l'œuvre de Sanson : meilleur dessin de Noirmoutier, de la côte des Sables, de la côte d'Aunis. Il paraît dater de la fin du XVIIe siècle.

C'est aux environs de 1670 qu'il faut, semble-t-il, placer la suivante : L'ISLE DE RÉ DE BASSE MARÉE, SITUÉE DANS LA MER OCÉANE SUR LA COSTE OCCIDENT. DE FRANCE DEVANT LA VILLE DE LA ROCHELLE ET DU GOUVERN. DU PAIS D'AUNIS A 46 DEGRES 10 MIN. DE LATIT. ET 16 DEGREZ DE LONGITUDE. Sans date, ni nom d'auteur ; gravée par *Inselin*.

0m 15 × 0m 28. Echelle : 1 lieue marine = 53 m/m, ou 1/105000e.

Biblioth. Nat. Imprimés, *L ⁴⁄₅ gr. f° (n° 67.)*

La carte porte les fortifications de Saint-Martin, du Fort de la Prée, de Sablanceau, du Fort du Martray, qui ont été construites vers 1670. Les marais sont indiqués, mais les dunes sont semées au hasard d'un dessin fantaisiste. Etant donnée sa date, ce document est sans valeur.

En terminant l'étude de la série des cartes antérieures au temps de Colbert, il faut faire une place à part à un document de tout premier ordre pour l'histoire du marais : c'est le PLAN ET DESCRIPTION PARTICULIÈRE DES MARAIS DESSEICHEZ DU PETIT POICTOU AVEC LE PARTAIGE SUR SCELLY FAICT PAR LE SIEUR SIETTE ESCUIER CONSEILLER INGÉNIEUR ET GÉOGRAPHE ORDINAIRE DU ROY ET CONTROLEUR GÉNÉRAL DES FORTIFICATIONS DE DAULPHINÉ ET BRESSE LE 6 AOUST 1648.

Gravure sur cuivre 48^{cm} × 66. Echelle de 400 perches = 64 $^{m}/^{m}$, soit 1/40.000 environ.

Bibl. Nat., cartes, *Pf. 218 (n° 3560)*.

Dressé à l'occasion du dessèchement du Marais poitevin par la Société dont Siette était le directeur depuis la mort de Bradley[1], c'est un véritable plan cadastral, portant l'indication, avec numéros d'ordre, des parcelles partagées entre les dessicateurs après l'achèvement des travaux. Les marais et les bois sont figurés avec leur étendue exacte ; les villes et villages sont en plan géométrique et tous les chemins et canaux sont indiqués. Le cours de la Sèvre est parfaitement exact et comparable à la carte d'Etat-Major actuelle. Le rivage de la baie d'Aiguillon est figuré sur la carte depuis le canal de Luçon jusqu'au

1. Voir DE DIENNE, *Histoire du dessèchement des marais en France*. Paris, 1891, in-8°.

sud d'Esnandes. A l'embouchure du canal de Luçon, on constate qu'il se trouve à 875 perches (5500ᵐ) au Sud du pont de la Charrie, situé sur la route de Champagné à Saint-Michel, au point où elle franchit le canal.

De l'embouchure de la Sèvre, distante de 75 perches de l'îlot du Rocher [1], le rivage gagne le pied de la falaise de Charron et se dirige en ligne droite au Sud depuis l'extrémité de cette falaise jusqu'à celle d'Esnandes, qu'il rejoint à l'extrémité occidentale du village. On constate encore que le Vieux Bot de Champagné, au croisement de l'achenal de l'Espine, qui passe entre Sainte-Radegonde et Puyravault, se trouve à 250 perches (1500ᵐ) du rivage. Grâce à ce plan rigoureusement exact, on peut déterminer de la façon la plus précise la forme et la position du rivage oriental de la Baie d'Aiguillon en 1648 ; la comparaison avec les levés ultérieurs permet de suivre avec certitude les modifications progressives du littoral. C'est un levé de précision, le premier que nous ayons enregistré, et il est à remarquer qu'il est l'œuvre d'un ingénieur militaire ; les topographes vont désormais tous appartenir au corps des fortifications.

1. Il y a deux îlots dénommés le Rocher près de l'embouchure de la Sèvre. Il s'agit ici de l'îlot le plus oriental, qui avoisine la boucle du Braud.

CHAPITRE V

Les levés de côtes sous Colbert

Il fallut l'arrivée de Colbert aux affaires pour qu'une œuvre d'ensemble fût enfin entreprise. Pendant les quatorze années qu'il resta à la tête de la marine, il donna une extraordinaire impulsion aux travaux de levés de côtes, qui s'étendirent à tout le littoral de la France et furent continués après sa mort jusqu'à complet achèvement.

D'ailleurs, avant même qu'il eût reçu le département de la marine, Colbert s'intéressait directement à son fonctionnement ; dans une lettre du 18 mars 1666, adressée à Colbert de Terron, intendant à Rochefort, il parle de l'école d'hydrographie de Dieppe, fondée le 30 septembre 1663 par un prêtre de cette ville, Guillaume Denis [1]. Quand il fut secrétaire d'Etat, il s'ingénia à développer le plus possible ces écoles dans les principaux ports, tout en leur laissant le caractère d'entreprises privées. Sa

---

1. P. CLÉMENT, *Lettres, instructions et mémoires de Colbert*, tome III[1], p. 75. Il y avait depuis longtemps une école de cette nature à Dieppe (voir plus haut, chapitres III et IV).

correspondance est pleine d'instructions à cet égard[1]. Mais ces écoles s'occupaient uniquement de former des pilotes capables de conduire les vaisseaux. La cartographie leur resta étrangère. D'ailleurs dans l'esprit de Colbert, il y avait là deux ordres d'études distincts ; dans un mémoire du 11 juillet 1670, destiné à son fils, Colbert écrit : « Il sera en même temps nécessaire qu'il apprenne l'hydrographie et le pilotage, afin qu'il sçache les moyens de dresser la route d'un vaisseau, et qu'il étudie aussi la carte marine [2]. »

1. « Vous ne sçauriez mieux faire que de faire établir l'école d'hydrographie à Marseille, et je scrai bien ayse de voir le livre qu'un jésuite, frère du président de Chambéry, en a composé tant en latin qu'en françois. Mais... je pense que cette école doit être tenue par un séculier ; néanmoins je m'en remets absolument à vous. »
(Colbert à M. Arnoul, à Marseille, 1er mars 1669).
[*Clément*, III[1], p. 102].

« Nous avons ordonné [à nos commissaires] de chercher avec vous les expédiens pour faire cet establissement [une école d'hydrographie à St-Malo], pour l'instruction et multiplication du nombre des matelots, pilotes, canonniers et autres gens propres pour la manœuvre et conduite des vaisseaux. »
(Louis XIV aux maire et échevins de Saint-Malo, 10 sept. 1669).
[III[1], p. 163].

« Sa majesté désire que le sieur Matharel establisse une école d'hydrographie au port de Toulon pour l'instruction des pilotes... »
(Colbert au sieur Matharel, avril 1670).   [III[1], p. 230].

« Ne vous relachez pas de rechercher un habile maistre d'hydrographie pour l'establir à Brest, n'y ayant rien de si nécessaire pour élever de jeunes gens au pilotage et pour augmenter les connaissances des officiers et mariniers qui résident dans les ports. Si vous ne voyez pas lieu d'en trouver un sitost je pourray en faire chercher un en Hollande. »
(Colbert à M. de Seuil, sans date).   [III[1], p. 241, note].

« Il examinera pareillement s'il y a suffisamment de maistres d'hydrographie et de pilotage dans le royaume ; et, en cas qu'il en manque, il examinera les moyens *d'en establir dans les principales villes maritimes, à quoy sa majesté contribuera volontiers.* »
(Colbert à M. d'Herbigny, 1er janvier 1671).   [III[1], p. 325].

2. *Mémoire pour mon fils sur ce qu'il doit observer pendant le voyage qu'il va faire à Rochefort.* — P. Clément, III[2], p. 5.

On manquait totalement de levés précis, sur lesquels on pût se fier ; les naufrages étaient très fréquents et la préoccupation d'avoir des cartes exactes poursuivit constamment Colbert. « Le roy veut qu'il soit fait une description exacte de toutes les costes de son royaume, écrit-il le 24 sept. 1671, et qu'il soit toujours travaillé dans ses ports à dresser des cartes marines sur les rapports et les journaux de ses vaisseaux de guerre [1] ». En fait le travail fut confié à des ingénieurs du service des fortifications, qui coordonnèrent les observations des marins avec leurs propres levés. Les cartes qu'ils dressèrent pour les côtes de Poitou et de Saintonge se trouvent aujourd'hui au Service hydrographique de la marine, où elles remplissent trois portefeuilles :

Portefeuille 52 : Embouchure et cours de la Loire et environs.

Portefeuille 53 : Côtes de France, de la Loire à la Gironde. Cartes générales et particulières.

Portefeuille 54 : Côtes de France, de la Loire à la Gironde. Cartes particulières.

Nous allons passer en revue ces différents documents, en suivant l'ordre chronologique. Un premier groupe est constitué par les cartes du chevalier de Clerville.

Louis Nicolas de CLERVILLE, chevalier de l'Ordre de St-Jean de Jérusalem, naquit en 1610. Successivement major du régiment de Noailles, puis ingénieur en Italie (1646), commandant du génie devant Dunkerque en 1658, et dans plusieurs autres sièges, il devint en 1662 Commissaire général des fortifications de France, *charge créée en*

---

1. *Mémoire pour mon fils, à son arrivée d'Angleterre.* — IBIDEM, III², p. 46.

sa faveur ; c'était un commandement en chef. Il fut en
perpétuelle rivalité avec Vauban, que Louvois lui préféra
toujours. Nommé gouverneur de l'île d'Oleron en 1677,
il mourut dans ce poste en décembre de la même année[1].

C'est en qualité de commissaire des fortifications qu'il
fut chargé de lever les cartes des côtes de France, en
même temps qu'il avait à s'occuper de fortifier un certain
nombre de places du nord-est ; il fut chargé également
d'opérer les levés préliminaires au creusement du canal
du Midi, d'où sont sorties de grandes cartes du Languedoc[2].
La multiplicité de ces occupations et leur importance obli-
gèrent Clerville à faire exécuter ces cartes par des topographes travaillant sous ses ordres, ainsi qu'il résulte de
la lettre suivante adressée par lui au roi, au début de
l'année 1668 : « Si Votre Majesté veut que je continue à
faire faire pour sa gloire, ou pour l'ornement de ses cabi-
nets, les plans de relief, et *les cartes maritimes que j'ay commencé à faire faire, par ses ordres*, je la supplie de vouloir,
s'il luy plaist, faire donner ceux qui seront nécessaires
pour en pouvoir faire la despense...»[3]

Quelques-uns des collaborateurs de Clerville nous sont
connus. Le 5 juin 1666 le conseiller d'Etat Cheveny écrivait à Colbert : « Il seroit à souhaiter que vous vissiez le
plan des lieux qui a esté fait par les deux jeunes hommes
qui travaillent sous M. de Clerville »[4], et un peu plus tard
le ministre recommandait à M. Daguesseau, intendant à

1. CLÉMENT, t. II, p. 435, note 3.
2. « *Les 500 de Colbert* », tome 123. Bibl. Nat., manuscrits. — Voir
aussi CLÉMENT, tomes IV et VI.
3. *Mélanges Colbert*, t. 148, f° 38, janv. 1668. — Bibl. Nat., manuscrits.
4. CLÉMENT, IV, p. 232, note 1. Il s'agit du desséchement des Landes
de Bordeaux.

Toulouse, « un nommé Lambert, qui a esté autrefois au chevalier de Clerville, » et qui est bien capable de raisonner juste sur les ouvrages qui seroient à faire pour ces desséchements. »[1] Les cartes ne sont donc pas l'œuvre personnelle de Clerville ; nous n'avons pas de renseignements sur la façon dont elles ont été levées ; seulement leur facture très particulière permet de reconnaître qu'elles ont toutes été dessinées soit par la même main, soit par différents dessinateurs employant les mêmes modes de représentation de terrain. A cet égard elles possèdent une remarquable homogénéité, qui se manifeste jusque dans l'atlas des côtes composé après la mort de Clerville et dont il sera question plus loin.

Portef. 52, division 1.

Pièce 1. — CARTE TOPOGRAPHIQUE DES ENTRÉES ET COURS DE LA RIVIÈRE DE LOYRE ET DE CELLES QUI S'Y DESGORGENT, AVEC LES ISLES, RADES, CHENAUX, BANCS DE SABLE OU DE VAZE. ROCHES ET BAS-FONDS QUI SE TROUVENT TANT HORS DE SON EMBOUCHURE QUE TOUT LE LONG D'ICELLE JUSQU'A CLERMONT. LE TOUT REPRÉSENTÉ COMME IL PAROIST DE MER BASSE AVEC LES LAISSES TANT DE SABLE QUE DE VAZE QUI Y DEMEURENT.

PAR LE CHEVALIER DE CLERVILLE, COMMISSAIRE GÉNÉRAL DES FORTIFICATIONS DE FRANCE.

Cette carte, qui mesure 505 $^m/^m$ sur 830, ne porte pas d'échelle. C'est une minute, indiquant des sondages dans le cours de la Loire depuis Nantes jusqu'à l'embouchure, ainsi que dans la baie de Bourgneuf. Elle s'arrête

---

1. IBIDEM, p. 276. Desséchements des marais de Languedoc.

au sud au goulet de Fromentine et comprend Noirmoutier.

Les *pièces* 2 et 2' sont des reproductions de la même
carte, limitées au sud à Beauvoir sur mer, mais plus
riches en indications de sondes, qui s'étendent jusqu'à la
Banche.

Pièce 3. CARTE TOPOGRAPHIQUE... (même titre que la
pièce 1.

C'est un agrandissement de la minute précédente, à
l'échelle du 60.000ᵉ environ.

Division 3, Pièces 1 et 1'. Brouillon d'une carte de DE
CLERVILLE allant de la pointe Saint-Gildas aux Sables-
d'Olonne. Il n'y a rien à tirer de ce croquis grossier.

Portefeuille 53.

Pièces 2 à 5. — Série de cartes du même auteur.

Pièce 2. — CARTE TOPOGRAPHIQUE DES COSTES MARI-
TIMES DE POICTOU ET DE RETZ AVEC LES ISLES DIEU,
NOIRMOUTIER, LE PILLIER ET BOUIN, COMME AUSSI DES
RADES, CHENAUX, BANCS DE SABLE OU DES VAZES,
ROCHERS, ET BAS-FONDS QUI SE TROUVENT ENTRE LESD.
COSTES, ET LES ISLES SUSD. LE TOUT REPRÉSENTÉ COMME
IL PAROIST DE MER BASSE AVEC LES LAISSES TANT DE SABLE
QUE DE VAZE QUI Y DEMEURENT.

Cette carte, sans échelle, mesurant 61ᶜᵐ sur 47, reproduit dans sa partie septentrionale la carte précédemment
décrite. Le dessin de la côte, sans être rigoureusement
exact, est cependant satisfaisant. Insuffisant pour les détails, il est juste pour l'ensemble. Les falaises, les plages
de sable, les dunes, les marais sont distingués par des
figurés spéciaux. On peut se rendre compte par cette carte

que la côte n'a pas subi de changements sensibles depuis
le XVIIᵉ siècle entre le Goulet de Fromentine et la Pointe
du Grouin, où s'arrête la carte au Sud ; dunes et marais
présentent le même aspect.

Les sondes indiquées s'éloignent peu du littoral ; elles
ne dépassent pas à l'ouest l'île d'Yeu. Dans le goulet de
Fromentine, à la Fosse, il ne restait que 3 pieds d'eau à basse
mer, et 4 pieds de part et d'autre de ce gué, qui était
situé plus au sud que le Goua actuel ; ceci démontre que
les progrès des atterrissements ont été plus sensibles au
N. du Goulet que dans le goulet lui-même, où la marée
produit une forte chasse.

Une notice sur les récifs, comportant l'indication de la
hauteur d'eau qui les recouvre suivant l'heure de la marée,
complète la série de renseignements que fournit cette
carte, dont une copie en couleurs, sans les sondes, figure
sous la cote 2'. Celle-ci donne l'échelle de la carte, qui
est du 250.000ᵉ environ (une lieue marine de 5556ᵐ =
22 ᵐ/ᵐ).

Pièce 3. — Carte topographique des costes maritimes de Poictou depuis la Tranche jusques a Saint-
Sébastien avec l'isle Dieu, et celle de Noirmoutier,
comme aussi les rades, chenaux, pertuis, bancs de
sables ou de vazes, rochers et bas fonds qui s'y
trouvent. Le tout représenté comme il paroist de
mer basse avec les laisses tant de sables que de
vases qui y demeurent.

C'est une réplique à plus grande échelle de la pièce 2;
la nomenclature en est absente, de même que les sondes.

Pièce 4. — Même titre que ci-dessus, avec en plus la

mention : PAR LE CHEVALIER DE CLERVILLE, COMMISSAIRE
GÉNÉRAL DES FORTIFICATIONS DE FRANCE.

Agrandissement au 55.000ᵉ de la minute (pièce 2),
elle en reproduit exactement toutes les données. De dimensions considérables (2ᵐ 30 de large sur 1ᵐ 21 de haut),
cet exemplaire a été jadis exposé le long d'un mur, comme en témoignent des traces de clous visibles sur son
pourtour. Une copie existe sur la cote 4¹.

Pièce 5. — CARTE TOPOGRAPHIQUE DES CARTES MARI-
TIMES D'AUNIS ET DES PAYS ABONÉS DU GOUVERNEMENT DE
BROUAGE, AVEC LES RADES, CHÉNAUX, COURAUX, PERTUIS,
BANCS DE SABLE, BAS FONDS, ROCHES ET ROCHERS, QUI SE
TROUVENT ENTRE LES DICTES COSTES, ET LES ISLES D'OLÉ-
RON ET DE RÉ, DRESSÉE SUR LES LIEUX POUR LE ROY
LOUYS XIIII, PAR LE CHEVALIER DE CLERVILLE, COMMIS-
SAIRE GÉNÉRAL DES FORTIFICATIONS DE FRANCE.

Etablie à l'échelle du 33600ᵉ, haute de 89ᶜᵐ, large de
1ᵐ 82, elle va depuis le Plomb, en Aunis, et La Flotte,
dans l'île de Ré, au N., jusqu'à Brou et Alvert (Arvert)
en Saintonge, au Sud. Les levés ont été faits avant la
création de Rochefort, dont le château seul figure au bord
de la Charente ; ils doivent très probablement dater de
1665 ou 1666.

Le dessin de l'île de Ré comporte des erreurs ; la
pointe de Chauveau est atrophiée, celle de Sablanceau
se trouve sur le prolongement de la côte méridionale. Les
autres tracés sont en général assez bons. Les sondes ne
sont pas portées sur toute l'étendue de la carte, mais sont
groupées sur certains points :

1° dans les rades de la Pallice et de la Rochelle ;

2° dans la rade de l'île d'Aix et le cours inférieur de la Charente ;

3° dans la rade des Trousses et à l'entrée de la passe de Brouage ;

4° dans le pertuis de Maumusson.

Les marais salants sont représentés avec soin ; on constate leur absence sur la section de côte comprise entre la Rochelle et la Charente, ainsi que sur les bords de la Charente.

Enfin, comme dans les précédentes cartes du même auteur, une courte notice est consacrée aux écueils de la côte.

Malgré ses imperfections, cette carte permet de se rendre compte que le littoral n'a subi que des modifications insignifiantes depuis son établissement, sauf autour de Brouage. L'Aunis en particulier présente absolument le même aspect que de nos jours.

Pièce 6. Carte topographique des costes maritimes d'Aunis et pays abonés du Gouvernement de Brouage, *avec les isles d'Oléron et de Ré comme aussi des rivières de ces pays où les grands et moyens navires se peuvent retirer, avec les rades, chenaux, couraux, pertuits, bancs de sable ou de vases, roches et bas fonds, qui se trouvent entre lesdictes costes, et les isles susdictes. Le tout représenté comme il paroist de mer basse avec les laisses tant de sable que de vaze qui y demeurent après qu'elle s'est retirée.*

Echelle : 1/200,000ᵉ.

Contemporaine de la fondation de Rochefort, dont l'enceinte est figurée, cette carte embrasse la région comprise entre Jart et Mareuil au N., la Tour de Cordouan et Saint-Georges de Didonne au Sud. On y trouve des détails topographiques qui ne figurent plus sur les cartes ultérieures; c'est ainsi que dans le marais Poitevin, au milieu des vases, on voit signalées par un figuré spécial accompagné de la lettre R une série de roches alignées de l'E. à l'W., depuis l'anse du Braud sur la Sèvre, jusqu'à Saint-Michel en l'Herm ; d'autres sont signalées au S. d'Angles et de Longeville. Les progrès du colmatage ont depuis fait disparaître ces affleurements rocheux sous la couche de bri.

Le tracé de la côte d'Arvert est inexact : il dessine une courbe convexe et non une ligne droite. La largeur de l'île de Ré est exagérée par le travers de la Prée et de la Flotte, les baies se creusent trop profondément ; ceci prouve que les illusions d'optique n'étaient pas suffisamment corrigées par les instruments employés pour les levés.

La représentation des fonds marins est toujours ce qui laisse le plus à désirer. Si les sondes indiquées dans le pertuis d'Antioche entre Chauveau, l'Ile d'Aix et Chassiron paraissent assez exactes, il n'en est pas de même de celles du Pertuis Breton, où la fosse de Chevarache n'apparaît pas : un fond de 12 brasses (21^m20) y est seulement porté, au pied N. du récif de la Roche (Pointe de Lizay).

Dans le pertuis de Maumusson, les bancs principaux sont bien à la même place que de nos jours, mais les profondeurs des passes sont très différentes. Des fonds de 5 brasses (9^m25) figurent dans la passe du Château d'Oléron où il n'y a plus que 4^m aujourd'hui.

D'autres de 8 et 9 brasses (14^m80 et 16^m65) sont

portés en face de St-Urgent (St-Trojan) au lieu de 6ᵐ
de nos jours. Par contre on ne trouve que 2 brasses (3ᵐ70)
sur l'emplacement de la fosse de 23ᵐ qui se creuse à la
Pointe Gatseau ; il y a eu certainement erreur en ce dernier point.

Deux copies, cotées *6'* et *6'* reproduisent cette carte,
mais sans les sondes.

Pièce 7. Carte topographique des costes maritimes
d'Aunis et pays abonés du gouvernement de Brouage
avec les isles d'Oléron et de Ré. *Depuis l'embouchure
de la rivière de Garonne jusqu'à l'abbaye de Jard. Le tout
représenté comme il paroit de mer basse avec les laisses tant
de sable que de vase qui y demeurent.*

C'est un agrandissement de la pièce 6, de même que
la suivante :

Pièce 8. Même titre que la pièce 6, avec en plus : par
le Chevalier de Clerville, commissaire général
des fortifications de France.

Echelle du 55.000ᵉ environ. On n'y trouve aucun
renseignement nouveau, sauf la figuration d'une forêt de
pins dans la presqu'île d'Arvert, entre St-Palais et la
Tremblade ; un autre petit bois se trouvait dans les dunes
au sud de Maumusson.

Telle est l'œuvre du chevalier de Clerville, qui inaugure la série des levés de côte à grande échelle ordonnés
par Colbert ; nous n'avons pas les instructions données
par ce dernier, mais la lettre au roi que nous avons citée
plus haut et la notice du *Recueil des Cartes des Costes
maritimes* en fournissent la preuve.

Après la mort de Clerville, toutes les cartes levées par

cet ingénieur furent groupées en un atlas manuscrit, qui est la première tentative faite pour représenter à une échelle suffisante, et d'après des levés de précision, le littoral français. Il constitue comme une annonce du Neptune, qui paraîtra une dizaine d'années plus tard, et qui reposera d'ailleurs sur d'autres travaux hydrographiques. A la simple inspection de cet atlas, on peut mesurer le chemin parcouru depuis le temps où Tassin faisait paraître le sien, Il est fort probable que cet atlas fut fait sur l'ordre de Colbert ; en tout cas, le seul exemplaire que nous en connaissions, qui se trouve à la Bibliothèque Nationale, section des Cartes, *C 15232*, porte sur sa reliure les armes de Colbert. Bien que réduit, le dessin est rigoureusement imité de celui des originaux, à tel point qu'il paraît provenir de la même main ; on ne peut déterminer jusqu'à quel degré cette supposition est fondée. L'atlas porte le titre suivant :

RECUEIL DES CARTES DES COSTES MARITIMES DU ROYAUME, *sçavoir celles de la mer oceane depuis Nieupor jusques à Saint-Sébastien en Biscaye, en dix huit feuilles, y compris le cours des trois plus grandes rivières qui si dégorgent, la Seine, la Loire et la Garonne.*

Ou est observé toutes les isles, rades, chenaux, bancs de sable, ou de vaze, roche et bas fonds, qui se trouvent le long desdites costes.

Le tout representé comme il paroist de mer basse avec les laisses tant de sable que de vaze qui y demeurent.

Celles de la mer Méditerranée en quatre feuilles contenant depuis le Port Vendre en Roussillon jusques au cap Cerve ou de Dian. dans le Genovezat, ou il est pareillement observé

*toutes les isles, rades, et bas fonds qui se trouvent le long
desdistes costes.*

*Réduites sur les grandes cartes levées sur les lieux, par
les ordres de Monseigneur Colbert, et dressées par feu M^r le*
CHLER DE CLERVILLE *commissaire général des Fortifications de France.*

1 vol. gr. f°, IV feuillets blancs + 1 feuille titre + 22
cartes + 3 feuillets blancs.

Manuscrit, colorié à la main.

Les cartes sont toutes à la même échelle : 1 lieue =
42 $^{m/m}$ 5, soit 1/130000.

Pl. IX. CARTE TOPOGRAPHIQUE DES COSTES MARITIMES
DE BRETAGNE ET DES RIVIÈRES DE CE PAYS, *depuis l'embouchure de celle de Loire jusqu'au port Hintel, avec les
isles de belle isles, houact, hedic, du Mait, du Pillier et
de Noirmonstier, comme aussy, les rades, chenaux, bans de
sable ou de vaze, roches et bas fonds qui se trouvent entre
lesdictes costes, et isles : Ensemble le Morbian avec les isles,
roches et bas fonds qui sont dans son bassin.*

*Le tout représenté comme il paroist de mer basse, avec
les laisses tant de sable que de vaze, qui y demeurent.*

Pl. X. CARTE TOPOGRAPHIQUE DES COSTES MARITIMES
DE POICTOU, *depuis la Tranche jusques à Saint-Sébastien
avec l'isle Dieu, et celle de Noirmonstier, comme aussy les
rades, chenaux et pertuis, bans de sable ou de vazes, roches
et bas fonds qui s'y trouvent.*

*Le tout représenté comme il paroist de mer basse, avec les
laisses tant de sable que de vaze qui y demeurent.*

(Même carte que : Serv. hydr., port. 53, p. 3).

Pl. XI. CARTE TOPOGRAPHIQUE DES COSTES MARITIMES
D'AUNIS ET PAYS ABONÉS DU GOUVERNEMENT DE BROUAGE,

*avec les isles d'Oléron et de Ré depuis l'embouchure de la
rivière de Garonne jusques à l'abbaye de Jard. Le tout représenté comme il paroist de mer basse, etc...*

(Même carte que : Serv. hydr., *portef. 53, p. 5 à 8*).

Pl. XV. CARTE TOPOGRAPHIQUE DES ENTREES ET COURS
DE LA RIVIÈRE DE LOIRE ET DE CELLES QUI S'Y DÉGORGENT
*avec les isles, rades, bancs de sable ou de vazes, rochers et
bas fonds qui se trouvent tant hors de son embouchure que
tout le long d'icelle jusqu'à Clermont.*

Le tout représenté, etc...

(Même carte : Serv. hydr., *portef. 53, p. 1-2*).

Des cartes consacrées au Poitou par Clerville, Sanson a
tiré le tracé du littoral de sa carte de l'Evêché de Luçon,
datée de 1679 ; celle-ci porte deux titres. Dans l'angle
supérieur gauche on lit : PARTIE DU BAS-POITOU *où sont
Parties des Seneschaussées de Poitiers et de Fontenay le
Comte, les Eslections d'Olonne, de Mauléon et parties de
Fontenay le Comte dressé sur plusieurs Mémoires par le
Sieur SANSON, géographe ordinaire du Roy. A Paris, chez
l'auteur, aux Galleries du Louvre, avec privilège de Sa
Majesté pour 20 ans, 1679.* Un écusson placé dans l'angle
inférieur gauche porte : EVESCHÉ DE LUÇON *dédié à
Monseigneur Monseigneur* (sic) *l'Illustrissime et revérendissime
Messire Henry de Bouillon Evesque et Baron de Luçon, etc.,
par son très humble et très obéissant serviteur G. SANSON,
géographe ordinaire du Roy.* L'angle inférieur droit renferme une notice sur les divisions ecclésiastiques de
l'évêché de Luçon.

L'échelle est de 4 lieues communes de 2500 pas géométriques = 77 $^{m/m}$.

Bibl. Nat., Imprimés : France, cartes particulières, IV, n° 62, L_5^{u} gr. in-f°.

L'imitation de Clerville est assez libre ; des dunes sont figurées tout le long de la côte depuis Noirmoutier jusqu'à l'Aiguillon. A noter un petit détail emprunté à Clerville et qui ne figure pas ailleurs : l'indication de trois rochers en travers de l'embouchure du Lay. Le principal intérêt de cette carte de Sanson est de montrer que son auteur avait connaissance et recevait communication des levés ordonnés par Colbert ; mais il n'en tirait pas tout le parti possible.

Nous rapprocherons de la carte de Sanson une autre carte anonyme, qui offre de grandes ressemblances avec elle. Elle est intitulée : PARTIE DU BAS-POITOU AU SUD-OUEST. Manuscrite, sans date ni nom d'auteur.

23 ^{cm} × 22. Echelle de 3 lieues = 66 $^m/^m$.

Bibl. Nat., Cartes, *Portef. 218, n° 3565.*

Comme la précédente elle figure des dunes tout du long de la côte et des écueils en face de Saint-Gilles Croix-de-Vie, ainsi qu'entre la Chaume et les Barges. La portion de littoral représentée s'étend de Saint-Jean-de-Monts à Jard.

C'est encore à de Clerville que G. Sanson a emprunté le dessin des côtes de la carte suivante : EVESCHÉ DE LA ROCHELLE *dédié à Monseigneur Monseigneur l'Illustrissime et Révérendissime Prince de l'Eglise Messire Henry de Laval Evesque de la Rochelle par son très humble et très obéissant serviteur* G. SANSON, *Géographe ordinaire du Roy, à Paris, Cloître Saint Nicolas du Louvre, 1705.*

4 lieues = 58 $^m/^m$. Bibl. Nat., Imprimés, L_5^{u} gr. in-f° (t. IV, n° 63).

Serv. hydr. Portef. 53. Pièce 13. Carte sans titre, ni date, ni nom d'auteur, à l'échelle du 77.000ᵉ, comprenant toute la côte depuis Noirmoutier jusqu'à Talmont-sur-Gironde. Très médiocre comme topographie, elle n'offre d'intérêt que par les notices et cartons qui l'accompagnent :

1° *Remarques dans les quelle les ports et avres de cette carte se trouvent présentement et la quantité que leurs basins peuvent recevoir de navires et de quelle grandeur.* On y lit que « le port et hâvre de la Rochelle ne peut contenir que des vaisseaux de port médiocre par se qu'il asseiche, et qu'il est tout rempli de vases » ;

2° *Remarque pour les entrées des riviers de Seudre et de Garonne;*

3° A droite en haut : PLAN GÉOMÉTRIQUE DE ROCHEFOR SUR LA CHARANTE *et tous les bastimens propossés pour l'establisement de marine qu'il a été jugé à propos dy estre faict pour les armée navales de sa majesté qui oront à hiverner dans les mers de Ponant.* A l'échelle du 4640ᵉ. Ce plan date la carte, qui doit être de 1670 ou environ.

Pièce 14. CARTE PARTICULIÈRE DES COSTES MARITIMES D'AUNIS, SAINTONGE ET PAYS ABONNÉ DU GOUVERNEMENT DE BROUAGE *avec les Isles d'Oléron et de Rée comme ausy les rivières de ses pays ou les grands et moyens navires se peuvent retirer. Ausy les plans géométriques des Places, Fortins, redoutes et retranchement qui se trouvent adjaçantes au costes sudict. Le tout drese sur les lieux par le sʳ* DU SAULCET, *dict. Marquis.*

Ce sont les plans de places fortes qui font toute la valeur de cette carte, manifestement dérivée de la précédente. L'auteur est certainement le même et il n'y a pas de doute que ce soit un ingénieur des fortifications, comme en témoigne le soin avec lequel sont dressés les plans annexes. Sa carte est bien moins une carte marine qu'une carte de la défense des côtes. Malgré la ressemblance des titres, elle n'a aucun rapport avec celles de Clerville.

II

Cartes de Sainte-Colombe. — *Pièces 9, 10 et 11* : trois cartes d'un ingénieur militaire, le chevalier de Sainte-Colombe, qui ont très probablement été levées par ordre de Colbert. La preuve certaine fait défaut, mais le fait que la première de ces cartes porte au dos la mention : *Provient du château de Versailles*, tend à faire croire qu'elle avait un caractère officiel. La seconde et la troisième ne sont que des agrandissements de celle-ci.

Pièce 9. CARTE TOPOGRAPHIQUE DE LA COSTE DU PAYS D'AUNIS, DE L'ISLE DE RÉ, PARTIE DE CELLE D'OLÉRON ET DES ENTRÉES DE LA RIVIÈRE DE CHARENTE. PAR LE CHEVALIER DE SAINTE-COLOMBE, L'AN 1676.

L'échelle est au 70,900e ; le dessin de la côte, qui est exact, et qui résulte d'un levé original, est fort intéressant pour l'histoire de la flèche de l'Aiguillon, en raison des nombreux détails qui sont portés en cet endroit. On y voit que sa formation était toute récente, car les bateaux pouvaient encore franchir à marée haute des passes qui sectionnaient la flèche en trois tronçons. L'indication d'une tour, alors en ruines et aujourd'hui disparue, sur le bord ouest de la flèche permet de mesurer l'activité de l'érosion, qui ne cesse de ronger ce cordon de sable à mesure qu'il s'étend vers l'Est. La carte comporte toutefois deux erreurs ; l'une qui porte sur la longitude de l'em-

bouchure de la Charente par rapport à la Rochelle, en la
plaçant trop à l'est, ce qui infléchit toute la côte au S.-E.
à partir de la Rochelle ; l'autre qui donne des profondeurs
de 50 à 60 brasses (92ᵐ 50 à 110ᵐ 10) à la fosse de Chevarache, profonde seulement de 62ᵐ au plus. C'est d'ailleurs la première fois que cette fosse figure avec son nom
(*Chavarache*) sur une carte.

Sur la *Pièce 10* figurent tous les chemins ; les lieux
habités sont représentés en plan géométrique et non en
perspective cavalière, ce qui fait beaucoup gagner la carte
en exactitude. La *pièce 11*, qui est au 47000ᵉ, renferme
trois plans à grande échelle du Fort de la Prée, de la redoute de la Pointe de Sablanceau et des fortifications du
Martray dans l'île de Ré. Les préoccupations militaires
qui avaient décidé à entreprendre ces levés apparaissent
avec évidence. Cet exemplaire contient en plus des pré-
cédents des indications sur la nature des fonds et leur couleur : vase noire, sable rouge, coquilles, huîtres, etc.
Elles sont toutes fort exactes.

Ces levés sont complétés par un mémoire fait en même
temps qui se trouve dans le *carton 29*, pièce 21 : « Rou-
TIER ET ENSEIGNEM [*ent des costes du*] PAYS D'AUNIS, ISLES
DE R[*é et d'Olleron*]. *Par de* SAINTE-COLOMBE, 27 *février*
1676. C'est un cahier manuscrit de 6 feuillets, malheureu-
sement très endommagé ; le bord en a été rongé de telle
façon que près de la moitié du bas des feuilles a disparu et que les passages correspondants sont impos-
sibles à reconstituer. La chose est d'autant plus regrettable que ce mémoire est plein de renseignements précieux sur l'état des côtes ; nous en donnons un extrait
dans l'appendice.

III

Cartes de la Favolière. — Nous arrivons au travail ca-
pital qui ait été entrepris au XVIIe siècle sur les côtes de
Poitou et de Saintonge, à savoir les cartes de la
Favolière.

La Favolière était un ingénieur qui entra au service du
roi vers 1670, date de ses premiers travaux officiels. Les
renseignements sur sa personne sont peu nombreux. On
sait seulement qu'il fut attaché au service des fortifications,
comme Clerville et Ste-Colombe. Il était protestant, ce qui
lui valut d'être mis en prison en 1679 sur l'ordre de
M. de Demuin, intendant à Rochefort ; il ne recouvra sa
liberté qu'au début de 1680, après deux interventions
de Colbert auprès de l'intendant [1].

Tout d'abord chargé de lever des cartes dans la région
de Rochefort, d'après une instruction de l'intendant Colbert de Terron, du mois d'octobre 1670 [2], puis chargé par
Colbert d'observer les marées (18 nov. 1670) [3], il voulut
s'occuper en outre de questions de fortification ; Colbert
lui fit rappeler qu'il sortait de son rôle, et qu'on lui demandait seulement de savoir construire « les travaux qui
sont à faire contre les efforts de la mer, de bien recon-
noistre nos ports et de nous *faire des cartes de toutes les
costes maritimes* [4] ». Une lettre adressée directement par Colbert à La Favolière, le 14 fév. 1674 [5], montre bien qu'on lui
demandait avant tout de faire œuvre de topographe : « Le

1. CLÉMENT, VI, p. 127, note 1.
2. IBID , III¹, p. 16.
3. IBID., III¹, p. 311.
4. IBID., III¹, p. 311, note 1.
5. IBIDEM.

Roy ayant fait choix de vous *pour faire les cartes maritimes de toutes les costes du Royaume*, et pour cet effet ayant donné ordre à M. Colbert de Terron de faire préparer un petit bâtiment pour le 15 du mois prochain, il est nécessaire que vous vous teniez prest en ce temps là pour continuer à faire les observations ordinaires et travailler sans aucune discontinuation à faire toutes lesdites costes. Prenez bien garde de vous acquitter avec soin et exactitude de cet employ dont vous sçavez la conséquence pour le service de Sa Majesté et le bien du commerce de ses sujets. » Entre temps La Favolière fut envoyé en Picardie, où il dressa en 1670 ou 1671 une carte de la côte « depuis Blancs jusqu'à la Somme [1] ». Il fut également chargé en 1672 par Louis XIV d'établir des plans de fortifications pour Rochefort [2].

Pendant huit ans, de 1670 à 1677, cet ingénieur travailla à lever les côtes de Poitou et de Saintonge, y compris les îles et le plateau sous-marin de Rochebonne, situé à 50 kilomètres dans l'ouest de l'île de Ré. Son œuvre, qui laisse loin derrière elle toutes celles de ses contemporains, a servi de base à tous les travaux hydrographiques entrepris jusqu'en 1822, date où commencèrent les levés de précision de M. Beautemps-Beaupré. Il y a peu à y reprendre.

Les premières instructions données à La Favolière doivent dater de 1670. Dans un mémoire sur lequel nous

1. *Certificat de l'examen d'une carte du Sr de la Favolière depuis Blanc jusqu'à la Some. 21 sept. 1671.* (Serv. hydr., carton 29, pièce 8).

2. « Je désire... que vous fassiez dresser par le sieur de la Favollière des plans et devis de tout ce que vous estimez y devoir être fait. » Lettre du 4 janvier 1672, de Louis XIV à Colbert de Terron. (CLÉMENT, III, p. 413).

reviendrons tout-à-l'heure, il déclare que ses travaux ont commencé en 1670 par la rivière de Charente et que ce sont « les premiers au service du Roy » ; en 1671, il levait l'Aunis, en 1675 la rade de l'île d'Aix, en 1676 l'île de Ré, en 1677, le restant de la côte et Rochebonne. Une instruction royale lui avait été donnée le 23 mai 1671. D'autres durent suivre, qui sont perdues. Malgré nos recherches nous n'avons pu retrouver celle de 1671 ni à Paris, ni aux archives départementales de la Charente-Inférieure.[1] Le plus singulier est la teneur de l'instruction envoyée par Colbert à La Favolière le 29 décembre 1677. Alors que les cartes de l'ingénieur étaient terminées, le ministre lui donnait l'ordre de se mettre au travail et d'exécuter dans les *deux mois* de janvier et février 1678 le levé complet de la côte depuis Blaye jusqu'à la Loire. Il est difficile de voir dans cette instruction, que l'on trouvera in-extenso dans l'appendice, autre chose qu'un rappel du contenu des précédentes instructions. Le texte montre de suite à quelles préoccupations obéissait Colbert : c'est en vue de la défense des côtes, qu'il a fait exécuter des cartes marines précises. Il insiste à plusieurs reprises sur la nécessité de repérer exactement les lieux où l'ennemi pourrait opérer une descente et de parer à cette éventualité avec les moyens appropriés.

« Sad. Majesté veut qu'il examine avec grand soin tous les ouvrages qui pourront estre faits, soit pour rompre et gaster lesdits abordages, soit pour y faire les ouvrages

1. « Avons ordonné que l'*instruction* que S. M. a donné audit sieur de la Fabvollière, en datte du 23e may mil six cens soixante unze, ensemble le *passeport* de Sad. Majesté, donné audit sieur de la Fabvollière du 16e novembre dernier, *seront registrés au greffe de la cour de ceans...* » La Rochelle, 14 août 1677. (Serv. hydr., *carton 29, pièce 8*.)

nécessaires pour empescher les ennemis d'y descendre en cas qu'ils fussent en état de le tenter. » Ceci explique que les opérations topographiques aient été confiées à un ingénieur des fortifications, et non à un marin. Il en fut de même pour le chevalier de Sainte-Colombe.

La Bibliothèque Nationale, section des cartes, C 18550 (247), possède la première carte construite par La Favolière, celle de la Charente : COURS DE LA CHARENTE. Largeur 1ᵐ05, hauteur 32ᶜᵐ. Echelle du 26.900ᵉ (2.000 toises = 145 ᵐ/ᵐ). Il y a deux exemplaires, l'un sur papier calque, écrit et dessiné à l'encre ; l'autre sur papier à dessin, report inachevé du premier, au crayon. La carte ne porte ni date ni signature, mais l'écriture de La Favolière la fait reconnaître de suite, et de plus elle correspond rigoureusement au signalement qu'en donne La Favolière dans le mémoire que nous citons plus loin[1].

La carte s'étend depuis Tonnay-Charente jusqu'à l'île d'Oléron. Elle est inachevée : seuls les contours et les sondes y sont indiqués. Est-ce un levé préliminaire, ou bien une copie, on ne saurait le dire.

Les profondeurs marquées atteignent les valeurs suivantes : 18 à 20 pieds au maximum en rade de Rochefort, 3 pieds jusqu'à Soubise, 4 pieds entre Soubise et le Vergerou, 7 à 8 pieds au sommet de la boucle du Vergerou, 4 pieds en face de Fort Lupin, 4 pieds à Port des Barques, 6 à 7 en face du fort de la Pointe, 4 à 5 sur fonds de roches et vases, par le travers de l'île Madame et du Château de Fouras, 12 brasses à la pointe Sud de l'île d'Aix, par le travers de l'île d'Enet.

---

1. Serv. hydr., *carton* 29, *pièce 8*, paragraphe 1, et *pièce 21*.

Serv. hydr., Portef. 53, Pièce 12. Grande carte
entoilée, en couleur, haute de 1ᵐ04, large de 2ᵐ56 ; dans
l'angle inférieur droit, à droite d'un cartouche vide,
destiné à recevoir le titre, se lit la date : 1677. Le dos
porte l'indication : *Costes depuis le Sables d'Olône jusqu'à
Cartignac en Médoc,* par La FAVOLIÈRE. L'échelle est
au 70330ᵉ.

En haut à gauche, se trouve une notice débutant
ainsi : « *Remarqué pour la presente carte, qui comprend
depuis les barges d'Olonne, où commence l'ance de Saint
Gilles, jusqu'au droit d'Ourtin et Cartignac en Médoc...* »
Elle énumère les différents signes employés sur la carte
pour distinguer les eaux, les dunes, les lieux habités, les
landes, les rochers qui découvrent à basse mer et ceux qui
ne découvrent pas, les bancs de sable, les prairies, les
marécages, les marais desséchés, les marais salants, les
terres hautes.

Le dessin est parfaitement exact, sauf dans la région
de la baie d'Aiguillon, où les distances en longitude sont
trop grandes. Les latitudes sont plus satisfaisantes. La
Favolière indique pour celle de la Rochelle, qu'il a prise
lui-même [1], 46° 15', ce qui comporte une erreur de 5'30"
en trop, la latitude vraie étant de 46° 9' 30". Toutes ses
positions en latitude ayant été rapportées à celle de la
Rochelle, la carte est affectée d'une erreur systématique
qui n'en altère pas les proportions.

Ce qui distingue à première vue cette carte de toutes
les autres, c'est la multiplicité des sondages indiqués, qui

1. « Jay Remarqué quelle est située à 46 degrés 15 Minuttes de hauteur. »

(Serv. hydr., *carton 29, pièce 8*).

sont exprimés en brasses et en quarts de brasse (0^{m}45);
l'écartement entre deux sondes voisines varie de 200 à
500 mètres, de telle sorte que les espaces occupés par la
mer sont absolument couverts de chiffres. Aussi la carte
revêt-elle plus que toute autre le caractère d'une véritable
carte marine. Tous les sondages ont été effectués par La
Favolière, qui avait à sa disposition un bâtiment du roi.
Malgré les défauts des appareils alors en usage, qui
étaient fort primitifs, la plupart des sondes portées sur la
carte paraissent exactes ; les différences constatées avec
les profondeurs actuelles peuvent être imputées aux progrès de l'envasement des pertuis. Si l'on transforme en
courbes bathymétriques les chiffres de la carte, on obtient
une représentation des fonds marins tout à fait comparable à celle que donnent les cartes actuelles. La fosse de
Chevarache, si mal rendue encore dans la carte de Sainte-
Colombe, apparaît avec sa véritable configuration. Il est
facile de se rendre compte des transformations que le dépôt ininterrompu du bri a produites dans la baie d'Aiguillon et dans la rade de la Pallice, alors beaucoup plus
profondes qu'aujourd'hui. Mais il faut relever une grosse
erreur, tout à fait inexplicable, qui se rapporte au banc
du Grouin du Cou : des fonds de 10 à 20 brasses (18^{m}20
à 36^{m}40) sont marqués sur l'emplacement de cette barre
rocheuse, recouverte à l'endroit indiqué de moins de 10^m
d'eau. La nature du fond exclut toute hypothèse d'une
modification récente, puisqu'il ne s'y rencontre pas de dépôts meubles. Il y a erreur évidente, ce qu'on ne peut
guère attribuer qu'à la défectuosité du mode de sondage
employé. D'autre part, à l'entrée du pertuis du Maumusson, la fosse de Gatseau, profonde actuellement de 23^m,

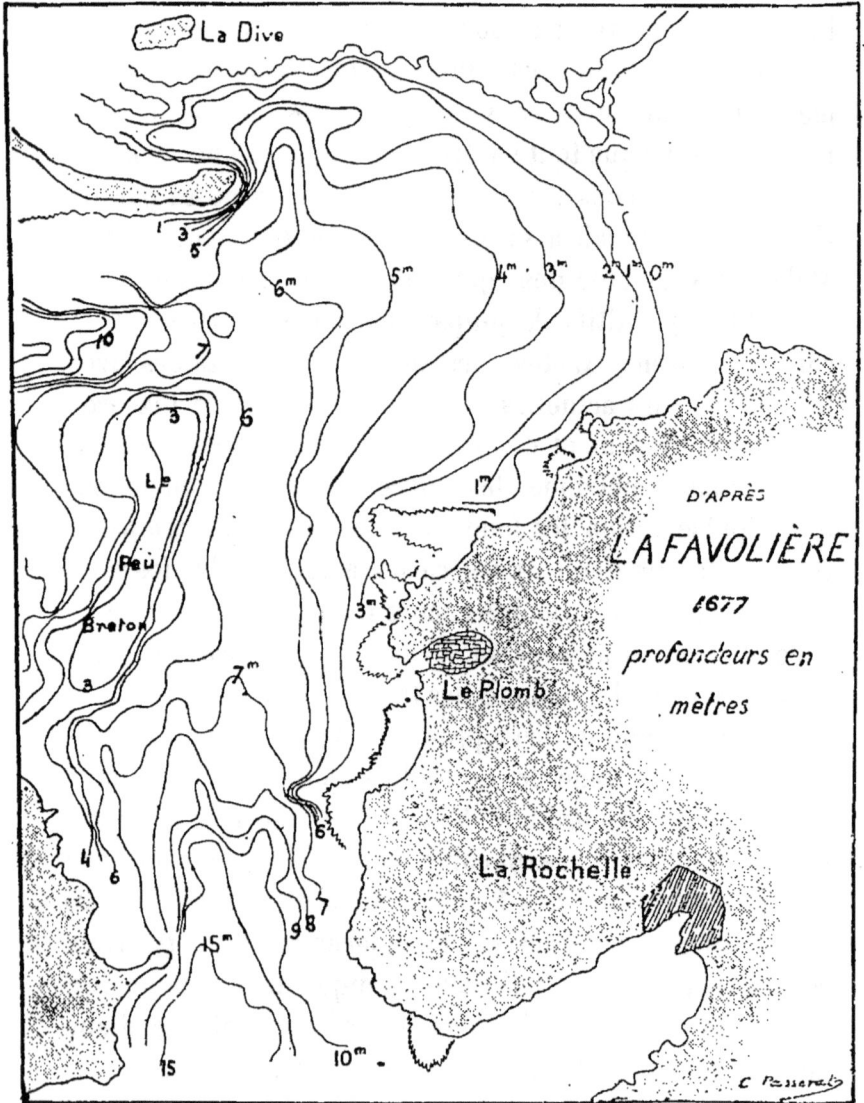

La Dive

D'APRÈS

LA FAVOLIÈRE

1677

profondeurs en

mètres

Le Plomb

La Rochelle

C Passerat

CARTE DU PERTUIS BRETON D'APRÈS LA FAVOLIÈRE
Echelle : 1/140000

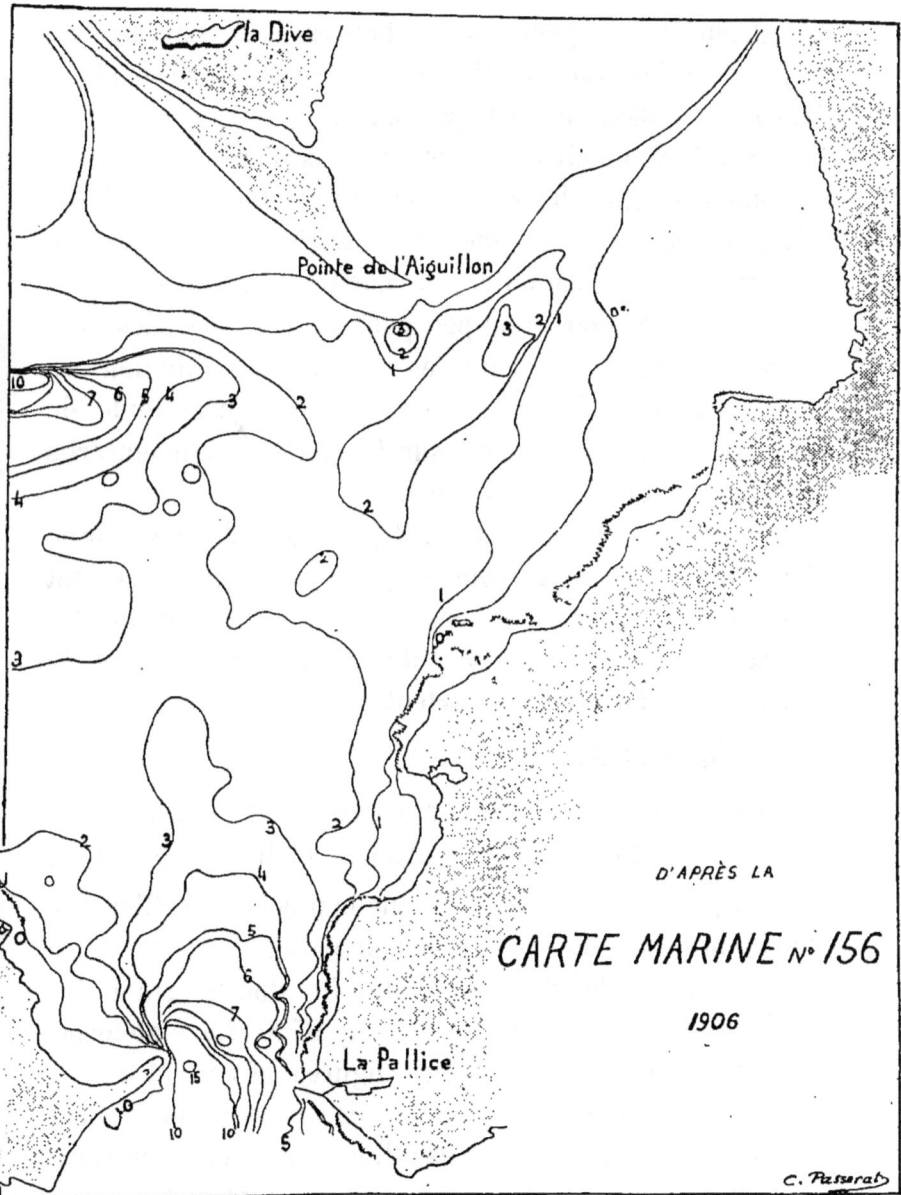

la Dive

Pointe de l'Aiguillon

D'APRÈS LA

CARTE MARINE Nº 156

1906

La Pallice

C. Passerat

CARTE DU PERTUIS BRETON D'APRÈS LA CARTE MARINE Nº 156
(1906)

n'est portée que pour 10ᵐ (5 brasses 1/2). La carte est donc de valeur inégale et il ne faut se servir des indications de sondages qu'avec prudence.

Sur l'exemplaire que nous venons d'analyser, et qui est assez fatigué, les sondes ne sont pas toujours faciles à lire, l'encre ayant fortement pâli, surtout dans la section N. de la carte. En outre, de nombreux cachets de cire rouge ont été apposés un peu partout, masquant des chiffres de sondages : ce sont les cachets d'approbation des commissions locales chargées de vérifier l'exactitude de la carte ; on les retrouve sur les certificats manuscrits qu'elles ont délivrés à l'auteur.

Pour ces deux raisons, il est préférable de se servir de l'exemplaire en noir, cote *12'*, qui est rigoureusement identique au premier et dont l'écriture est beaucoup plus lisible. L'un et l'autre sont d'ailleurs entièrement de la main de La Favolière et portent son monogramme.

Portefeuille 54. Pièce 1.

CARTE DE L'ISLE DIEU ET ROCHEBONNE, PAR LE Sʳ DE LA FAVOLIÈRE. 1677. — Au dos on lit : *Pour le Roy.*

Même échelle, au 70330ᵉ, que la précédente. Bien que le dessin de la côte de l'île d'Yeu paraisse exact, il y a une erreur sur les dimensions de l'île, dont le grand axe ne mesure que 9.250ᵐ au lieu de 9700. La plateforme rocheuse qui entoure l'île est figurée au S. et à l'W. jusqu'à une demi-lieue (2.800ᵐ) de distance, au N. jusqu'à la limite de la carte ; ces dimensions sont très voisines de la réalité. Les sondes, extrêmement nombreuses, vont jusqu'aux fonds de 27 brasses (48ᵐ) et s'étendent dans un rayon de 10 à 12 kilomètres autour de l'île. Elles jalonnent la route de l'île d'Yeu aux Sables, sur une largeur de 8 kilomètres, celles de l'île d'Yeu à Rochebonne et de Rochebonne aux Sables. Elles sont assez exactes entre l'île d'Yeu et Rochebonne, où elles indiquent de 32 à 35 brasses dans la zone la plus profonde, où l'on relève actuellement de 50 à 65 mètres, c'est-à-dire les mêmes valeurs. Elles le sont sensiblement moins entre Rochebonne et les Sables (35 à 37 brasses pour 45 à 50ᵐ), et deviennent tout à fait erronées sur le plateau de Rochebonne, où en dehors des points culminants, voisins de la surface, elles accusent des profondeurs presque doubles de celles qui ont été relevées au XIXᵉ s. C'est la répétition de l'erreur commise sur le banc du Grouin du Cou.

Les positions géographiques sont en outre fautives. La partie orientale du plateau de Rochebonne, dite les Trois Pierres, qui devrait se trouver à 3 kilomètres dans l'ouest du méridien de St-Sauveur de l'île d'Yeu, est traversée par ce méridien. La longueur du plateau, entre les Trois Pierres et la Congrée, est portée à 6.300ᵐ au lieu de 5.200; la distance qui sépare le récif de Pierre Levée de celui de la Congrée est de 3.600ᵐ, alors qu'il ne devrait être que de 1.400ᵐ. Cette portion de carte est donc complètement fautive ; on voit par cet exemple combien il était à cette époque difficile, pour ne pas dire impossible, de faire un levé exact à la mer, alors qu'on était obligé d'évaluer les distances uniquement à l'estime, faute d'instruments appropriés à cet usage.

Pièce 2. CARTE DE L'ISLE DIEU, au 5.000ᵉ environ. Mutilée en trois endroits, elle est de la main de La Favolière, dont elle porte le monogramme ; elle est encore plus riche en sondes que la précédente sur le littoral de l'île. L'erreur de dimension commise antérieurement est corrigée. C'est une carte parfaitement exacte.

Pièce 3. CARTE DE ROCHEBONNE, de la main de La Favolière ; ne diffère pas de la *pièce 1*. On en a fait un agrandissement (*pièce 5*), sur lequel M. Bouquet de la Grye a pris un calque où il a réduit les brasses en mètres (*pièce 1'*, qui devrait être cotée *5'*).

Tel est l'ensemble des travaux exécutés par La Favolière sur les côtes de Poitou et de Saintonge. Cet ingénieur ne s'est pas contenté seulement de faire œuvre de topographe et d'hydrographe, il a encore rédigé des mémoires relatifs à ses travaux.

Carton 29. Pièce 8. Original de la description de ce que contient la grande carte, qui comprend depuis l'ance de Saint Gilles en Olonne, jusques à sept lieües au sud de la tour de Cordan, en la coste de Medock.

Ce mémoire, qui forme un fascicule de 12 feuillets, est une suite de compte-rendus de chaque campagne faite pour l'établissement de sa carte. Il a le tour d'un rapport administratif ; chaque compte-rendu débute par les mots: « Par ordre de Sa Majesté » et porte à la fin la signature : *De La Favollière, Ingénieur*, avec son cachet à la cire. Dans le premier on trouve quelques indications sur son mode de procéder : « J'ay commencé mes observations au bourg de Tonné-Charente, descendant ladite rivière sur le coup de la basse mer, sondant partout, j'ay remarqué exactement toutes ces rives et sinuositez... ». Dans le troisième, figure une description de l'écueil des Jaux, complètement masqué de nos jours : « Les Jaux sont roches plattes couvertes de sable, qui savancent en mer, à environ un tiers de lieüe, au suroist du pointeau de Laiguillon

et de la Chapelle de Lisle de la Dive. Ils deseichent en
partie ; entre le plus haut des Jaux et la coste il y a une
faible passe selon qu'il ce voit par mes remarques. » Le
neuvième compte-rendu renferme un curieux projet de
dérivation de la Gironde dans le marais de Brouage, par le
creusement d'un canal entre Meschers et Brouage, pour rendre à ce dernier port l'eau qui lui manque et l'empêcher de
devenir « bientost une ville de boüe [1] ».

A ce mémoire sont annexés 17 certificats d'approbation signés des commissaires chargés de vérifier les cartes
de La Favolière.

C'étaient les minutes qui ont servi à dresser la grande
carte d'ensemble conservée au service hydrographique ;
il n'en subsiste aucune dans ce dépôt. Une vérification
faite le 13 mai 1675 (*pièce 21*) relève une erreur d'orientation de la pointe orientale de l'île d'Aix, ainsi qu'une
contradiction entre la carte et les affirmations des pilotes
au sujet d'un banc de sable de la rade des Trousses ; ce
point devait faire l'objet d'une enquête sur place. On voit
par là avec quel soin les cartes étaient étudiées avant
d'être approuvées, ce qui explique que l'on relève peu
d'erreurs sur le document définitif.

Les *pièces 9, 10, 11* sont des copies des mémoires et
des certificats précités, auxquels s'ajoutent dans la pièce
11 : un *Mémoire sur observations et remarques pour la carte
qui comprend depuis lanse de la Gachère en Olonne jusqu'à
sept lieues au sud de la Tour de Cordouan en la coste de
Médoc,* — et un autre *Mémoire sur les costes de Saintonge
et Aunis pour les endroits où les ennemis pourroient tenter
quelque choses.* Celui-ci a un caractère purement militaire.

1. Voir ce projet à l'appendice, pièce 4.

IV

Portefeuille 52. Division 1.

Pièce 4. PLAN DE L'ENTRÉE DE LA RIVIÈRE DE LOIRE
ET DES ENVIRONS COMME IL PAROIST DE BASSE MER DANS
LES GRANDES MARINES (sic) PAR M. DE LA VOYE,

Levée à l'échelle du 70.000ᵉ, comme la carte de La
Favolière, au cours de l'année 1673[1], cette carte est purement hydrographique; le continent est laissé en blanc. Elle
s'étend du Croisic à Beauvoir-sur-Mer, mais l'île de Noirmoutier n'y figure pas. Comme exactitude, elle est fort
inférieure à la carte de La Favolière ; elle donne un tracé
rectiligne à la côte N. de la baie de Bourgneuf, entre la
Pointe Saint-Gildas et la Bernerie. Les sondes sont en
nombre très insuffisant.

Toutes ces cartes levées au XVIIᵉ siècle ont un défaut
commun, le manque d'un canevas géodésique qui
en assure la coordination. Malgré tout le soin apporté
à leur confection par leurs auteurs, ceux-ci ne pouvaient
arriver qu'à des résultats approximatifs, puisqu'il
n'avaient pas procédé préalablement à la détermination
exacte de la position en latitude et en longitude des principaux points de la carte. On a vu que la Favolière avait
pris la latitude de la Rochelle, mais non sa longitude,
faute d'un moyen pratique de la déterminer. Cette lacune
fut comblée par l'Académie des Sciences, qui avait reconnu
la nécessité de jeter les bases d'une carte exacte de la
France. En 1679, Picard écrivait : « On avait déjà commencé plusieurs descriptions particulières des Costes aux-

---

1. Nous avons trouvé cette date dans la préface du *Neptune François*, édition de 1753.

quelles de très habiles Ingénieurs travaillaient par ordre
de Sa Majesté, pour la sûreté de la navigation : mais quel-
qu'exactitude que l'on puisse apporter à ces sortes d'ouvrages séparez, on n'en sçauroit faire un juste assemblage
sans le secours des observations célestes. Ce fut ce qui
donna occasion de déterminer la position du port de
Brest, qui est situé dans la partie la plus occidentale du
Royaume. » Pour déterminer la longitude, les observateurs utilisèrent la méthode de Cassini, basée sur l'occul-
tation des satellites de Jupiter. Picard et la Hire établi-
rent les coordonnées de Nantes en 1679, de Bayonne,
Bordeaux et Royan en 1680. En 1684 fut présentée à
l'Académie la nouvelle carte de France, qui réalisait
un progrès considérable sur celle de Sanson [1].

En 1690, des études complémentaires furent faites par
des ingénieurs sur les côtes occidentales de France. Elles
firent l'objet d'un mémoire conservé au service hydrographique :

*Carton 29. Pièce 19. Mémoire sur les cartes de Poitou
et de Bretagne pour servir à la navigation des galères, par
les sieurs Chazelles et Razaud. 1690.*

On y relève les indications de latitude suivantes :

Sables d'Olonne   46° 28' 15"
Port de l'Ile D'Yeu 46° 43' 30"
Port de Noirmoutier 47°
Saint-Nazaire   47° 16' 40"

La valeur de la déclinaison de l'aiguille aimantée fut
trouvée pour toute la côte de 5° 20' N. W.

(1) Voir L. GALLOIS, *l'Académie des Sciences et les origines de la carte de Cassini.* Ann. Géogr., XVIII, 1909, p. 291.

V

Le Neptune françois. — Une fois en possession des levés des côtes de France, que les travaux géodésiques de Picard permettaient de coordonner, on songea à les publier. Ce fut une entreprise privée et non de l'Etat. L'ingénieur Pène, qui avait fait les cartes de la Manche, s'adjoignit la collaboration de M. Sauveur, et de M. de Chazelles, membres de l'Académie des sciences. Le privilège du Roi lui fut donné le 27 décembre 1691. En 1693 parut LE NEPTUNE FRANÇOIS OU RECUEIL DES CARTES MARINES LEVÉES ET GRAVÉES PAR ORDRE DU ROY. *Premier volume contenant les costes de l'Europe depuis Dronthem en Norwège jusqu'au détroit de Gibraltar, avec la mer Baltique. A Paris. De l'Imprimerie Royale. 1693.* Bibl. du Dépôt des Cartes et Plans de la Marine, 748. La préface, intitulée : *Remarques sur les cartes de ce recueil,* donne des indications sur la mise au point des cartes [1] : « VI. Les latitudes et longitudes des cartes de ce recueil ont été réglées par des observations faites sur terre avec des instruments très exacts et ces longitudes sont d'autant plus précises, qu'elles ont été déterminées par les éclipses des satellites de Jupiter, qui est le moyen le plus sûr, et dont le public a obligation à M. Cassini, lequel a eu la plus grande part dans ces observations. Il nous a communiqué celles de plusieurs autres sçavants astronomes.

« VIII. L'on a marqué les degrés de latitude et de longitude sur toutes les cartes de ce recueil, excepté sur les huit particulières de Bretagne. »

1. Voir un extrait de la préface à l'appendice (V).

En la même année 1693, le Neptune fut édité à Paris, chez Jaillot, sous le titre suivant : LE NEPTUNE FRANÇOIS OU ATLAS NOUVEAU DES CARTES MARINES. *Levées et gravées par ordre exprès du Roy. Pour l'usage de ses armées de mer, dans lequel on voit la description exacte de toutes les côtes de la mer Océane et de la mer Baltique depuis la Norwège jusqu'au détroit de Gibraltar. Où sont exactement marquées les routes qu'il faut tenir, les bancs de sables, rochers et basses d'eau ; et généralement tout ce qui concerne la navigation. Le tout fait sur les observations et l'expérience des plus habiles ingénieurs et pilotes. Reveu et mis en ordre par les sieurs Pene, Cassini et autres. A Paris, chez Hubert* JAILLOT, *aux 2 Globes. MDCLXXXXIII. Avec privilège du roy.*

Bibl. du Dépôt des cartes de la marine, n° 750. Cette édition, qui porte le même frontispice que l'édition officielle, n'en diffère que par l'adjonction du Privilège donné par les Etats de Hollande, et par la figuration, en coupe et en élévation, d'un vaisseau amiral de 104 pièces de canon, et d'une galère.

Chose étrange, le Neptune fut mal accueilli des marins en France, par esprit de jalousie[1]. Les Hollandais de leur côté en firent des copies fautives, qu'ils répandirent à profusion[2]. L'une d'elles, destinée au public anglais, figure dans un atlas anglais des dernières années du XVIIe siècle,

---

1. *Neptune français*, édition de 1753, Remarques. — Le Ministre de la Marine, Pontchartrain, dut user de toute son autorité pour obliger les officiers de la marine militaire française à se munir d'un exemplaire de ce recueil ; il lui fallut sévir sévèrement et retenir le prix de l'ouvrage sur la solde des officiers qui négligeaient de se le procurer. Cette opposition dura plusieurs années. (Archives de la marine à Rochefort. *Dépêches de la Cour*, tome VII, p. 48 ; tome VIII, p. 427 et 591.)

2. Préface de l'édition de 1753, Remarques.

intitulé COLLECTION OF SEA MAPPS. (Bibl. Nat., cartes
Ge DD 1172). La première feuille porte le titre suivant :
The shires of England and Wales Described by CRISTO-
PHER SAXTON *Being the Best and Original Mapps With many
Additions and Corrections.* Les cartes relatives à la France
ont leurs notices rédigées en français et en hollandais. La
carte 70, (Côtes de Bretagne) porte la date de 1698, et la
signature de DE VRIES, géomètre à Amsterdam, ainsi que
les cartes 71, 72 et 73, consacrées au Poitou et à la
Saintonge.

Le Dépôt des cartes et plans de la marine possède trois
autres imitations du Neptune, plus ou moins riches en
erreurs.

821. — CARTES MARINES *à l'usage des armées du Roy
de la Grande Bretagne faites sur les mémoires les plus
nouveaux, des plus experts Ingénieurs et Pilotes, et enrichies
des profils des plus fameux Ports de mer et villes maritimes
de l'Europe.* — IX *Cartes gravées et recueillies par le sieur
Romain de* HOOGE *commissaire de Sa Majesté. A Amsterdam,
chez Pierre Mortier MDCLXXXXIII, avec privilège de
Nos Seign. les Estats de Hollande et West Frise.*

On y trouve une CARTE MARINE DES ENVIRONS DE
L'ILE D'OLÉRON *à l'usage des Armées du Roy de la Grande
Bretagne,* à l'échelle du 414000ᵉ, qui présente une combinaison peu heureuse des cartes de Waghenaer, de
Le Clerc et du Neptune. Trois panoramas de la Rochelle,
de Marans et de l'île d'Oléron, qui sont fantaisistes,
décorent cette carte complètement inutilisable.

En 1699, l'éditeur Van Keulen publia deux nouvelles
copies :

A. 798. — LE GRAND NOUVEL ATLAS DE LA MER, OU

MONDE AQUATIQUE *estant augmenté, et nous représente toutes les costes maritimes de la terre, consistant en très belles cartes, si bien plattes, que celles qui ont des degrés croissants dont il y en a aucunes corrigées de la variation du buxolle. Ce qui se voit au titre des cartes. Fort utile a des mariniers, Pilottes, et Amateurs de la grande navigation. A Amsterdam, chez van* KEULEN, 1699.

798. — LE NOUVEAU ET GRAND ILLUMINANT FLAMBEAU DE LA MER... *par Jean van* LOON *et* VOOGHT, *fidèlement traduit du Flaman en François par Pierre François Silvestre. A Amsterdam, imprimé chez J. van Keulen,* 1699.

La même année parut sous le même titre, et chez le même éditeur, une autre traduction : LE NOUVEAU ET GRAND ILLUMINANT FLAMBEAU DE LA MER. *Deuxiesme partie...* Par *Claas Jansz.* VOOGT : *Geometre et maistre des mathematiques. Traduit du Hollandais en François et corrigé par* HENRY DESAGOLIERS *Lieutenant du collège de l'Admirauté d'Amsterdam. Imprimé A Amsterdam par Jean van Keulen.* L : 1699. Biblioth. de la Marine, à Rochefort, *20*.

Avec son texte descriptif, ses vues de côtes dessinées suivant le même procédé que celles de Waghenaer, ses hachures bordant le tracé du littoral, cet atlas dérive de ceux de Waghenaer. Mais les cartes sont entièrement nouvelles. Celles de France sont empruntées au Neptune, et agrémentées d'erreurs.

Sur la *carte n° 23 : Carte marine des Costes de Bretagne et Poictou depuis Ollone Jus'qu'a La Rivierre de Loire, Par* VOOGT *Geometra à Amsterdam Chez Jean Van Ceulen*, au 142000e, la pointe Saint-Gildas est fortement raccourcie, ainsi que la partie orientale de la Baie de Bourgneuf ; les sondes sont déplacées.

La *carte 24 : carte marine d'une partie des costes de France et Biscaia depuis la Rivierre de Boùrdeaux jusqu'à Bilbao*, comporte une erreur énorme : le banc de Roche-bonne (appelé *Rocheson*) est situé à 12 milles dans l'Ouest du cap Ferret, au lieu de figurer sur la carte 23, au large de l'île de Ré. Cet exemple suffit à démontrer avec quelle légèreté ces imitations hollandaises étaient faites et à quels dangers s'exposaient les navigateurs qui avaient le malheur de s'y fier.

Les planches du Neptune étaient restées la propriété des éditeurs qui en avaient assumé les frais de publi-cation. Le discrédit où l'ouvrage était rapidement tombé, à la suite du mauvais accueil des marins et des contre-façons hollandaises, fut cause qu'il ne fut pas réédité par ses possesseurs. Les Hollandais égarèrent de leur côté leurs planches de sorte que « cet ouvrage manquant en France et en Hollande, les anciens exemplaires devenaient de jour en jour plus rares ; et par un juste retour, ils étoient fort recherchés par les navigateurs qui payoient très cher ceux qu'on pouvoit trouver[1]. »

En 1751 le Ministre de la Marine Rouillé acquit les planches de l'ouvrage qui étaient restées depuis près de quarante ans « ensevelies parmi les effets d'une succession » et on fit une réimpression en 1753, sans autre modifi-cation que la correction de longitude de l'île de Fer, méridien initial du Neptune. L'erreur était de 1 degré ; on effaça la graduation de longitude pour « la retracer sur le pied de 20° pour la différence des méridiens entre

1. *Neptune français*. Préface de l'édition de 1753.

Paris et l'île de Fer »[1]. Cette nouvelle édition fut accompagnée d'un *Examen critique du Neptune François fait par ordre du Roy au Dépôt des Cartes et plans de la Marine en 1753*, qui eut pour auteur l'ingénieur de la marine Bellin.

Ces observations ont été en outre groupées en un volume spécial sous le titre de : *Recueil des Mémoires qui ont été publiés avec les cartes hydrographiques, que l'on a dressées au dépôt des Cartes et Plans de la Marine, pour le service des vaisseaux du Roi par ordre du Ministère depuis l'année 1737 jusqu'en 1751. Par le Sieur* BELLIN *Ingénieur ordinaire de la Marine.*

Un volume in-4°. — Biblioth. de la marine à Rochefort, n° 1101. On y lit que « la meilleure carte du golfe de Gascogne qui ait été publiée jusqu'ici est celle que l'on trouve dans le Neptune françois », et qu'« elle a servi de modèle à toutes celles que les Hollandois et les Anglois ont mis au jour depuis, et qu'ils n'ont pas exécuté avec autant d'exactitude ». L'*Avertissement* placé en tête de l'ouvrage mérite d'être reproduit, en raison des éclaircissements qu'il apporte sur l'esprit critique qui a présidé à la publication du Neptune. En voici le passage essentiel :

... Les Anglois et les Hollandois... paroissent s'être livrés plus particulièrement que les autres nations à la construction des Cartes hydrographiques.

Le grand nombre qu'ils en ont publié et répandu par toute l'Europe, quoique souvent emprunté des Espagnols et des Portugais, leur fera toujours honneur ; mais ont-elles ce degré de précision dont les navigateurs ont besoin ? On ne craint point de dire qu'ils s'en faut de beaucoup.

1. Préface de l'édition de 1753 : *Remarques sur les cartes du Neptune françois Dont les planches ont été remises au dépôt des Plans de la Marine en 1753.*

On est même surpris quand on examine cette multitude de cartes avec des yeux instruits et critiques, d'y trouver si peu d'exactitude, et l'on sent combien il étoit important pour la sureté des navigateurs d'en entreprendre la correction.

Il est vrai qu'il n'est pas facile de parvenir à cette correction, pour laquelle il faut des secours extraordinaires qu'un particulier n'est pas en état de se procurer ; le Ministre seul peut les donner. Et ce n'est que dans un dépôt tel que celui des Cartes, Plans et Journaux de la Marine qu'on peut rassembler tous les matériaux nécessaires à une pareille entreprise.

La protection particulière que le Ministre de la Marine accorde à notre travail nous a mis en état d'ouvrir cette carrière qui étoit abandonnée en France depuis la fin du siècle dernier, et dans laquelle nous osons nous flatter d'avoir fait plus de progrès qu'on n'en a fait jusqu'ici : pour le prouver nous rassemblons ici les Mémoires rélatifs à chaque Carte Marine qui a été dressée au Dépôt pour le service des Vaisseaux du Roi, et dans lesquels nous rendons compte des principales remarques et observations dont nous avons fait usage, les sources où nous les avons puisées, la manière dont nous les avons mises en œuvre, et les corrections importantes qui en ont résulté ; de sorte qu'il est aisé de juger le dégré de confiance qu'on peut avoir dans notre travail.

Les cartes xxv et xxvi concernent les côtes du Poitou ; la première est la reproduction de celle de M. de la Voye, la seconde de celle de la Favolière, qui est considérablement réduite. Ce travail fut fait par M. de Chazelles, qui l'accompagna d'un mémoire en date du 3 août 1691, aujourd'hui perdu [1]. Jusqu'en 1822, aucun changement n'a été apporté à ces cartes, de sorte qu'en définitive la connaissance que l'on eut jusqu'à cette date des côtes du Poitou et de Saintonge reposa uniquement sur les travaux de la Favolière. On ne fit guère au xviiie siècle que des levés locaux, la plupart en vue de la défense des côtes.

[1] Bellin, *Recueil des mémoires*, p. 2.

L'initiative qu'avait prise Colbert n'a pas été imitée par ses successeurs.

On trouve quelques reproductions françaises des cartes du Neptune. Le *Mémoire sur la généralité de la Rochelle*, dressé par M. BÉGON, intendant, en 1698 (Bibl. Nat., *manuscr. fr. 8148*), renferme une CARTE DE LA GÉNÉRALITÉ DE LA ROCHELLE, en couleur, au 210.000*, dont la partie littorale est copiée sur le *Neptune*.

La même carte a été éditée par NOLIN : LA GÉNÉRALITÉ DE LA ROCHELLE *comprenant le pays d'Aunis, la Saintonge, etc... dressée sur les mémoires qui ont été communiqués et dédiée à Monsieur Bégon, conseiller du Roy en ses conseils, intendant de justice, police, finances en la même généralité et de la Marine du Ponant par son très humble et très obéissant serviteur J. B. NOLIN, géographe ordinaire du Roy.* A Paris sur le quay de l'Horloge du Palais à l'Enseigne de la Place des Victoires. Sans date. [Bibl. Nat., Imprimés, L .¹⁴₅ *gr. f*° (n° 64)].

Le marais poitevin est dessiné d'après le plan de Siette de 1648.

En 1704, JAILLOT fait paraître LA PROVINCE DE POITOU ET LE PAYS D'AUNIS. *La généralité de Poitiers où sont les élections de Poitiers, de Chatelleraud, de Thouars, de Saint-Maixent... Dédiée au Roy par son très humble, très obéissant, très fidèle sujet et serviteur* A. H. JAILLOT, *géographe ordinaire de sa majesté, corrigé et augmenté sur les observations de l'Académie, 1707, A Paris. chez l'auteur.* [Bibl. Nat., cartes, C 12798 (147)].

Les sondes ne sont pas portées sur cette carte.

Une réédition faite en 1732 par Jaillot ne comporte aucune modification.

[Bibl. Nat., Cartes, *C 10198*, et Imprimés, *L ¹⁴⁄₅ gr.-f°* (n° 58)].

A la bibliothèque municipale de la Rochelle, sous le n° *1417*, existe une carte des Gouvernements généraux du Poitou, du Pays d'Aunis, et de Saintonge — Angoumois, *par le s^r* Robert de Vaugondy *fils, Géographe ordinaire du Roi.* 1753.

Gravée à l'échelle du 241000e, elle mesure 58^{cm} sur 45. La côte reproduit le dessin du Neptune sans modification ; les sondes n'y sont pas portées.

Il est intéressant de rapprocher de cette série de cartes, toutes dérivées du Neptune, un autre document qui résulte d'un levé original. C'est la Carte de l'Evesché de Nantes *Dédiée A Monseigneur l'Illustrissime et Révérendissime Messire Gilles de Beauveau Evesque de Nantes. Par son tres humble et tres obeissant serviteur* G. de Lambilly *Jésuite professeur d'hydrographie. — A Paris, chez le Sr Jaillot, géographe du Roy.* 1706.

En dépit du « soin et de l'exactitude extraordinaire » que l'auteur a apportés à ce levé « pris soigneusement avec le Demi-cercle et la Planchette » et rapporté « à la méridienne de l'Observatoire de Nantes », la côte est mal dessinée ; la pointe Saint-Gildas est orientée au S. W., l'île de Noirmoutier exagérément allongée au S. E., un cap inconnu vient se profiler dans l'embouchure de la Loire au S. de Saint-Brévin. Evidemment il n'a été tenu aucun compte du Neptune, dont l'existence était peut-être insoupçonnée du P. de Lambilly. Ces erreurs enlèvent toute valeur documentaire à la carte pour la partie littorale.

CHAPITRE VI

Les cartes de Masse

Par un singulier concours de circonstances, il s'est trouvé que l'œuvre topographique la plus remarquable de cette époque soit restée non seulement inédite, mais encore inconnue jusqu'au dernier quart du XIXe siècle. Les travaux de Masse ont été une révélation pour les géographes quand on les découvrit vers 1880. Claude M A S S E vécut de 1650 à 1737 [1]. Il fut d'abord dessinateur au service de M. de Ferry, ingénieur militaire, qui était chargé de l'établissement des fortifications dans le Sud-Ouest de la France. Pendant 57 ans, de 1679 à 1736, il travailla à faire des levés.

A un âge avancé il fut nommé ingénieur militaire à Lille et mourut à Mézières en 1737 [2].

1. D'après la légende d'un portrait qui a appartenu à sa famille et qui est conservé aujourd'hui à la Bibliothèque municipale de la Rochelle, il serait né en 1639.

2. DE RICHEMOND, *Une famille d'Ingénieurs géographes. Claude Masse (1650-1737). Sa vie et ses œuvres.* Bulletin de la Soc. Géogr. Rochefort, III, 1881-82, pp. 217-231.

A. HAUTREUX, *Les Cartes de Masse (1707-1724).* (Extrait du Bulletin de la Soc. Géogr. commerciale Bordeaux, novembre 1896). Bordeaux, Gounouilhou, 1896, 8°, 15 pages.

D'après les études publiées sur lui, il aurait quitté momentanément le service après 1700, son ingénieur en chef, M. de Ferry, venant de mourir, pour se consacrer uniquement à la rédaction de ses cartes et de ses mémoires. Cette affirmation n'est pas d'accord avec les états officiels de l'époque, conservés dans les papiers de l'Intendance de marine à Rochefort[1]. Le nom de Masse figure chaque année sur l' *« Estat des Ingenieurs que le Roy a choisis pour servir dans les places et des appointements qui leur sont ordonnez pendant l'année... »* On y voit son traitement passer par augmentations successives de 900 livres en 1703[2] à 1600 livres en 1711[3]. Masse est qualifié d'*Ingénieur ordinaire du Roy proposé à la levée de la carte du Bas Poitou*[4]. Il lui est en outre attribué chaque année une indemnité pour ses frais de déplacements, et il reçoit de fréquentes gratifications. D'autre part, le 3 décembre 1703, la ville de la Rochelle lui alloue une indemnité de logement de 150 livres qui doit lui être continuée tant qu'il sera ingénieur au département des places[5]. Il résulte avec évidence de cet ensemble de documents que Masse n'a pas cessé après 1700 d'appartenir au service actif.

Une autre conclusion en ressort : c'est qu'il travaillait pour le compte de l'Etat ; comme on le verra tout à l'heure, il est dit expressément dans les notices de plusieurs cartes de Masse que celles-ci étaient envoyées à Versailles. Il exécutait des levés officiels, que l'on doit considérer comme

1. Archives de la Marine, à Rochefort. *Correspondance de la Cour*, années 1672-1700, tome XI ; années 1703-1715, tomes VI-XXXV.

2. *Ibidem*, t. VI, p. 52.

3. *Ibidem*, t. XXXI, p. 401.

4. *Ibidem*, t. VI, p. 117.

5. De Richemond, art. cité. page 220.

la suite de ceux qu'avait ordonnés Colbert ; seulement
on ne leva à cette époque qu'une section de côtes, tandis
que Colbert avait fait dresser la carte de tout le littoral.

Au cours de sa longue carrière, il ne dessina pas moins
de 57 grandes cartes, 120 croquis ou plans particuliers,
et quantité de places fortes ou de forteresses, le tout accompagné de mémoires très étendus. Cette œuvre énorme,
produit du labeur ininterrompu de l'ingénieur, de ses fils
et d'autres ingénieurs ses collaborateurs [1], resta inédite par
la volonté même de Masse, qui le spécifia dans son testament.
Ce fut par suite de l'ouverture de la succession d'un
descendant de Masse, resté possesseur des levés originaux,
que l'administration de la Guerre fit en 1880 l'acquisition
de la plus grande partie des documents ; une partie des
autres alla enrichir la bibliothèque de Bordeaux et quelques manuscrits échurent à la Bibliothèque de la Rochelle.
Le reste fut dispersé, les acquisitions n'ayant pu être
faites à temps pour sauver la totalité de la collection. Les
cartes étaient d'une conservation d'autant plus difficile
qu'elles étaient toutes dessinées sur du papier pelure, qu'on
dut coller avec beaucoup de précautions sur du papier
fort pour en assurer la conservation.

Les Archives des cartes de la Section historique au
Ministère de la Guerre possèdent toutes les cartes de
Masse relatives aux côtes du Poitou et de la Saintonge.
C'est une œuvre superbe, à la fois par la précision des
levés et par l'exécution matérielle. Elles comprend une
série de cartes générales, qui sont des tableaux d'assemblage, et de cartes de détail, à l'échelle uniforme du

1. DE RICHEMOND, art. cité, p. 224.

28.800ᵉ. Un pareil travail ne saurait se prêter à l'analyse ; on ne peut qu'indiquer d'une manière générale quel en est le mérite.

De la comparaison avec la carte de l'Etat-Major, il ressort que celle-ci ne diffère pas de la carte de Masse au point de vue des tracés et de la position des lieux. Les deux documents sont rigoureusement comparables entre eux. Ce premier point est capital, puisqu'il permet de se fonder en toute sécurité sur les cartes de Masse pour étudier la topographie et la planimétrie du Poitou au début du XVIIIᵉ siècle.

Les lieux habités sont tous figurés en plan géométrique, et non d'une manière conventionnelle comme dans la carte de Cassini. Ils se détachent en rouge sur le fond des cartes, coloriées en plusieurs teintes : bleu pour les eaux ; verts de différentes nuances pour distinguer les bois, les marais, les prés ; jaune pour les sables. Le relief est exprimé par une teinte sépia, plus ou moins foncée suivant le degré des pentes, et qui est appliquée avec une telle habileté que les plus petits accidents de terrain se trouvent scrupuleusement rendus. Il est certaines parties de cartes qui rendent le relief d'une manière beaucoup plus fidèle que la carte de l'Etat-Major ; nous citerons à cet égard la vallée de l'Yon et celle du Lay, et surtout les environs de Talmont (7ᵉ partie, Sables d'Olonne), où les abrupts rocheux qui surplombent le cours de la rivière sont exprimés de façon saisissante[1]. Bien

1. Il en est de même sur la côte de l'Aiguillon, où les buttes coquillères de Saint-Michel en l'Herm ont été figurées exactement par Masse, tandis que la carte d'E. M. en donne un dessin fantaisiste, avec une erreur de position d'un kilomètre.

que Masse n'ait indiqué aucune cote d'altitude sur ses cartes, les différences de relief apparaissent parfaitement. Le sens topographique était chez lui développé à un degré remarquable.

Il possédait tout autant le sens critique. Lorsqu'il était obligé de recourir à des documents antérieurs à ses levés, il faisait toutes réserves sur leur valeur scientifique et ne les donnait que pour ce qu'ils valaient. Il en est ainsi pour les portions de territoire qu'il n'a pu lever lui-même et qu'il a dû faire figurer sur certaines sections de cartes, de même que pour les profondeurs indiquées par les cartes marines. N'ayant pu les contrôler, il ne les garantit pas.

Enfin sur un grand nombre de cartes, sinon sur toutes, l'échelle adoptée lui a permis d'inscrire des remarques intéressantes soit sur les changements physiques qui se sont produits dans une localité, soit sur l'aspect et les cultures du pays, soit sur des travaux d'art exécutés ou en projet qui figurent sur sa carte.

Par l'ensemble de ses caractères l'œuvre topographique de Masse occupe un rang hors ligne dans les travaux de la fin du XVIIe et du début du XVIIIe siècle.

Ses Cartes se trouvent à la Section Historique, Archives des Cartes, sous la cote *J* [10] *C 1293.* En voici la liste, avec leurs titres complets.

Cartes générales. — 1). Carte générale de partie des costes du Bas Poitou, pays d'Aunis, Saintonge, de parties de celles du Médoc, avec les isles adjacentes et les plans, profils des principaux Lieux.

Cette carte est représentée de Basse Mer de Malines ordinaire, les quarrez rouges marques letendüe de chaque Cartes particulières sur l'Echelle de 400 toises au pouce qui ont été envoyée cy devant à la Cour, et les gros chiffres noirs mis dans les quarrez de cette Generalle sont relatifs au titre que l'on a mis à ces Particulières. Elle represente le Pays et les Costes de la Mer en lestat qu'ils estoient en 1721. Le Memoire qui laccompagne explique plus emplement les particularitez qui n'ont pas pu sescrire sur cette Carte, tous les originaux ont été levez par le Sʳ Masse en differents temps, depuis 1696 jusqu'en 1721 ou nous sommes.

Cette Carte a été levée, dressée et dessignée en 1721 par Masse, ingénieur ordinaire du Roi.

Echelle : 1/172800.

La carte est accompagnée de 78 cartons, dont 35 placés à gauche sont consacrés à des plans et coupes d'ouvrages fortifiés, et 43 placés à droite sont des plans de villes ou de forts au 28800ᵉ.

2). Carte générale... etc, pour faire voir les cartes particulières qui sont levées et envoyées à la cour et celles qui ne sont qu'en partie levées et qui ne sont pas au net et ce qui restera à lever pour la perfection de cet ouvrage qui a été commencé par Masse en 1688 où il a travaillé jusqu'en 1716.

Sans échelle indiquée.

3). Carte des costes [du sud de la Bretagne] ¹, du Bas Poictou et [de] partie du pays d'Aunis [avec les] duchés de Retz et isles adjacentes [et les plans des principaux lieux]. Tout le pays renfermé dans les lignes de quarrez rouges qui marquent l'etendue que contient chaque carte particulière a été levée, excepté le 1ᵉʳ et partie du 2ᵉ et 3ᵉ ¹. Les paroisses qui ne sont point colorées

1 Ajouté après coup, d'une autre écriture.
2. Pointe Saint-Gildas et pays de Retz.

n'ont point éstez levée mais coppié sur la carte de l'eve-
ché de Luçon et autres, à quoy ils ne faut pas ajouter foy,
estant delles mesmes tres faulces y ayant seulement quelques positions de seur ; on a aussi changée le cours des
principalles rivières, pour le pays d'Aunis et le reste du
Bas Poictou qui n'est point renfermé dans les quarrés
rouge, a esté lévé précédamment, l'on a pas mis les sondes,
n'estant pas seur de ceux qui sont au large. Cette carte
a.esté achevé de levé en 1704.

(A droite en bas :) En 1704.

Echelle 1/172800.
15 plans à l'échelle du 14400e accompagnent la carte :

Les Sables, Mareuil, Talmont, Luçon, la Claie, le Brau,
l'Aiguillon, le Poiré de Velluire, Maillezais, Bourgneuf,
Bouin, Noirmoustier, Beauvoir, Saint Gilles, le Gouffre
ou aqueduc de l'île Delle.

4). Carte de partie du Bas Poictou, Aunis, et de partie
de Saintonge et Guiene pour donner idée du pay qui est
levé dans ses provinces, et de ce qui reste à lever pour
faire une carte géneralle du pays d'Aunis et de Saintonge.
L'on amis les mêmes chiffres dans les quarré que ceux
qui sont dans la carte generalle.

Envoyé le 25 novembre 1716.

(A droite, d'une autre écriture : Masse)

Cartes particulières. — 2e partie.) — [Sans titre. —
Ile de Noirmoutiers.]

Echelle 1/28800, comme pour toutes les cartes suivantes.

Plan du chasteau de Noirmoutier en lestat qu'il estoit
en 1702.

7e partie). — Carte de partie du Bas Poitou, ou les

Environs des Sables d'Olonne qui est le 7ᵉ quarré de la Generalle, en l'estat que le pays étoit en 1703.

L'on n'a écrit que les noms des lieux remarquables pour éviter la confusion.

Les chiffres marquent la quantité de pieds d'eau qui restent en Basse Mer de maline, sur quoy il ne faut pourtant pas compter trop seurement, partie de ces sondes ayant été tirées des Cartes Imprimées et au recit des Pilotes du pays.

Plan des Vestiges du Chasteau de Talmont. Plan du Fort Saint Nicolas de la Chaume.

8ᵉ partie). — Carte du 8ᵉ quarré de la Generalle des Costes du Bas Poitou depuis l'embouchure du Perray jusqu'à la Tranche.

Plan et vue du Château de l'Evaillon.

9ᵉ partie). — Carte d'une partie du cours de la rivière du Lay et du Pays qui est entre Luçon et Longeville, estant le 9ᵉ quarré de la carte générale des Costes du Bas Poitou, etc..., en l'Estat que le pays étoit en 1705.

10ᵉ partie). — [Pertuis Breton]. Les chiffres de cette carte marquent la quantité de pieds d'eau qui restent en basse mer de maline, et partie de ses sondes ont été copiéz de la carte de la Favolière, qui fut levée en 1676, 1677 et 1678 avec Beaucoup de soin, et il pouroit bien a present y avoir quelque diference à ses sondes, mais que ne doit pas estre esentielle; au large, et les endroits ou sont les bon mouillages des Vaisseauxs ont marquez par des ancres.

11ᵉ partie). — [Pertuis d'Antioche]. Nota que tous les chiffres marque la quantitez de pieds d'eau qui restent en Basse mer sur quoy il ne faut pourtant pas compter trop exattement ayant été pris en partie sur la carte que le sieur de la Favolière avet levée an 1676 avec Beaucoup de soins et de dépence pour placer les sonde et les mouillage qui sont marqué par des ancres.

13ᵉ partie). — [Baie de l'Aiguillon]. Plan des Vestiges du fort de l'Aiguillon rasé en 1638. — Nota que tous les chifres marquent la quantité de Pieds d'eau qui restent en basse mer de maline. Sur quoy il ne faut pourtant pas compter autrement, Partie de ces sondes ayant été copiées sur la carte du sʳ de la Favolière, levée en 1676. Et les Ancres indiquent les Endroits où les Vaisseaux peuvent mouiller.

14ᵉ partie). [Rades de la Pallice et de la Rochelle].

14ᵉ-21ᵉ parties). — [Pointe d'Aunis].

15ᵉ partie). — Ile d'Oléron.

15ᵉ-17ᵉ parties). — [Partie de l'île d'Oléron].

18ᵉ partie). — Carte de Partye de l'isle d'Oleron de Marennes et d'Alvert ou est l'embouchure de la rivière de Seudre, le pertuis de Maümusson et le couraud d'Oleron veüe en basse mer de maline ; les chiffres marquent la cantité de pieds d'eau qui reste en basse mer.

Cette carte est le dixième quarrée de la generalle des cottes d'Aunis et de Sᵗ Onge en l'estat que le pays étoit en 1706.

19ᵉ partie). — [Embouchure de la Garonne].

20ᵉ partie). — Carte contenant une partie du Bas Poitou et de l'Aunis où se trouve Marans et l'embouchure de la Seyvre Niortaise par Masse à 3 lignes pour 100 toises.

Levée et dessinée par Masse en 1701.

21ᵉ partie). — Carte de partie du pays d'Aunis à l'Est de la Rochelle ou partie de la banlieue de cette ville, vulgairement appelé le Rochelois, En l'estat qu'étoit le pays en 1703.

A la Rochelle ce 11ᵉ aoust 1703. Masse.

18ᵉ — 23ᵉ partie). — [Marais de Brouage et coureau d'Oleron].

22ᵉ partie). — Carte de l'embouchure de la rivière de Charente qui fait les 15ᵉ et 22ᵉ quarrés de la Generalle... en l'estat que le pays etoit en 1704.

Les chiffres marquent la quantité de pieds d'eau qui restent en basse mer de maline.

23ᵉ partie). — [Marais de Brouage].

24ᵉ Partie). — 1706. Carte du 13ᵉ quarrée de la général des costes du pays d'Aunis et de Saintonge.

Ou l'on a marqué de deux traits jaunes le canal pour la jonction de ses deux rivières.

[Sur la carte :] Route du canal projeté en divers temps pour la jonction des rivières de Seudre et Garonne en premier lieu par le Cardinal de Richelieu, ensuite par M. Dargencourt puis par le Chevalier de Clerville, puis par M. Arnoult, en 1684 par M. de Vauban, en 1685 par M. Ferry.

46ᵉ Partie.) — Carte du 46ᵉ quarré. — La Rochelle 29 octobre 1720. Cette carte... est la dernière des vingt cartes particulières sur l'échelle de 400 toises au pouce que l'on va dresser selon le projet de la carte que j'ai envoyée le 28 janvier 1719 à M. le marquis Daffeld.

Renferme en annexe les plans de Maillezais, Fontenay-le-Comte, le château de Fontenay, Niort, des plans et coupes de digues, écluses et du fort du Doignon.

Carton donnant le cours de la Sèvre depuis Niort jusqu'à la mer.

47e Partie). — Carte du 47e quarré de la Generalle. [Aunis].

Plans de Sazay, Nuaillé, Benon, Mauzé en 1720, Surgères, Tour de Péré.

47e Partie).— Carte du 48e quarré et 32 de la Generale des costes du Bas-Poitou, Pais d'Aunis et Saintonge.

Cette générale a été envoyée au Conseil le 5 février 1719.

Cette carte particulière contient partie de la province de Saintonge et confine au nord au pays daunis qui est aussy mise en partie dans cette carte.

Biblioth. municipale de La Rochelle, n° 3795.

50e Partie). — Carte du 49e quarré de la Generalle des costes du bas Poitou. Elle représente le pays en l'état qu'il étoit en 1718. [Saintes]. Plans-annexes de : Agonnay, Romegoux, la Roche Courbon, Crasane, Coulonges. Paulouen, Gibraud, Saint-Savinien, Taillebourg, Bussac, Profils de l'aqueduc de Congoule et de l'aqueduc de Rochedamon.

CHAPITRE VII

Cartes et plans particuliers
des Iles et des Ports

Le service hydrographique de la marine possède une très nombreuse collection de cartes et de plans consacrés à chaque île et à chaque port de la côte en particulier. Beaucoup de ces documents, on peut dire la majorité, ont été établis uniquement pour les besoins des services des fortifications ; ce n'est qu'accessoirement qu'ils prennent le caractère de cartes marines. Aussi nous contenterons-nous d'en donner une liste, en n'insistant que sur les plans réellement utilisables pour l'histoire des côtes. Nous suivrons l'ordre géographique, en commençant par le nord, et pour chaque lieu, l'ordre chronologique des cartes qui le concernent.

Portefeuille 52, Division 3.

Pièce 3. — Plan de Bourgneuf, de sa baye et de sa rade. Par de LIVERNAN.— Bourgneuf est hors de proportion avec le reste de la carte.

Pièce 4. — Carte des Isles de Noirmoutiers et de Bouing et des costes de la Duché de Reitz. 1709.

Au 90.000ᵉ. Levé très précis, allant de la pointe Saint-Gildas à la Barre de Monts. Cette carte, que nous attribuons à l'ingénieur Masse, en raison de sa facture, est la meilleure de toutes celles que l'on ait faites jusqu'au XIXᵉ siècle. On doit la consulter de préférence à toute autre.

Pièce 5. — Plan de l'isle du Pillier à 3/4 de lieue de Noirmoutier.

Au 2400ᵉ. Etabli pour étudier des emplacements de batteries.

Division 1.

Pièce 11. — Embouchure de la Loire avec les points déterminés géométriquemont en 1735, 1737 et 1738.

Au 174000ᵉ. Pour s'assurer de l'exactitude des cartes du Neptune, Cassini de Thury et Maraldi entreprirent de mesurer une perpendiculaire à la méridienne de Paris, puis de trianguler les côtes [1]. Cette carte donne le réseau de triangles que l'on établit dans la baie de Bourgneuf, sur la basse Loire et la côte du Croisic. Une base fut mesurée entre Pontchâteau et Savenay. Entre la Loire et la côte du Poitou les points trigonométriques furent Saint-Nazaire, Saint-Brévin, Saint-Michel, Saint-Gildas (Saint-Guldas), la Plaine, Beauvoir, Notre-Dame de Monts, Noirmoutier, le Pilier.

Pièce 6. — Plan du port et de la rade de Pornic et du canal de communication dudit Pornic avec Nantes suivant

---

1. Sur les opérations géométriques faites en France dans les années 1737 et 1738, par M. Cassini de Thury (*Histoire de l'Académie*, 1739, pp. 119-134).

le projet donné au gouvernement par M. le Marquis de
BRIE-SEVRANT, Seigneur dudit Pornic, 1786.

Pièce 7. — Carte des costes du Pays Nantois, avec la
rivière de Loire jusqu'à Nantes.

Plus exacte que celle du Neptune.

Pièces 8 et 9. — Carte des costes de Retz dans le Comté
Nantois.

Extraite de la carte précédente, pour noter des plans
de batteries.

Portefeuille 54. — Division 1. — Ile d'Yeu.

Pièce 4. — Plan de l'Isle Dieu en la coste de Poictou
a quatre lieux de Terre ferme. 1695.

Carte au 28650ᵉ, donnant tous les détails de la côte,
ainsi que les chemins et les terrains cultivés et incultes.
Les villages sont dessinés en plan géométrique. Un *Plan
particulier du Port Breton* et un *Plan du Chasteau* y sont
annexés. Les sondes ne sont pas marquées.

Pièces 7 et 7'. — Deux copies ont été faites en 1788
par le chevalier ISLE pour un projet de Phare.

Pièces 8, 8' et 8². — Plan du Port Breton de l'Ile
Dieu. Par le chevalier ISLE. 1788. — Projet de jetée et
d'une batterie.

Division 4. — Ile de Ré.

Pièce 1. — Carte générale des Isles de Ré et d'Oléron
avec la description de leurs [.....] et des costes du pays
d'Aunis qu'elles regardent.

Division 5. — Pièce 3. — Plan de l'Isle de Ré avec les
costes du Poitou et partie du païs d'Aunis, tiré de basse
mer.

Pièce 4. — Carte topographique de l'Isle de Ré avec
une partie des costes de Poitou et d'Aunis en laquelle

outre le plan de l'Isle sont marquées toutes les profondeurs des rades, bancs de sables et rochers qui sont autour de toutes ces costes selon qu'il se trouve de basse mer. A esté examiné et sondé par ERAUT DES PARÉES et approuvé par divers Pilotes. A Saint-Martin le 1er febvrier 1674.

Très mauvais ; inutilisable.

Pièce 5. — Desein pour le Port le Plon. Carte marine de l'île de Ré Tirée de basse marée avec ses Rochers et la sonde des rades d'Aulnis et Poitou, par ERAULT SIEUR DESPARÉES Ingénieur et Géographe du Roy.

C'est la carte précédente, gravée. L'auteur propose la création d'un port de guerre au Plomb.

Division 4. — *Pièce 2.* — Carte des Costes et Rade de la Rochelle, isles de Ré, Oleron et l'isle Daix, avec les entrées des Pertuis Breton, Antioche et Maumusson, par VAUDIN, hydrographe du Roy. 1693.

Très mauvaise carte, île d'Oléron fantaisiste.

Pièce 3. — Carte des Pertuis Breton et d'Antioche que forment les Isles de Ré et d'Olléron. 6 may 1694.

Pas de sondes.

Pièce 4. — Carte des entrées des Pertuits Breton D'Antioche et de Maumusson.

Indique les phares des Baleines, Chassiron, Cordouan, le premier alimenté à l'huile et les autres au bois.

Pièces 5 et 5'. — Carte des Entrées des Pertuis Breton, d'Antioche et de Maumusson qui comprend les Rades de la Rochelle et l'entrée de la Charente.

Indication des batteries édifiées en 1744 et 1745.

Division 5. — *Pièce 6.* — Carte de l'Ile de Ré. 1712.
Pour les forts.

Division 4. — *Pièce 8.* — Carte de l'Isle de Ré située sur la coste d'Aunis, relative aux ouvrages faits en 1747 pour sa défense. Fait à la Rochelle le 23 juillet 1748. Angias, ingénieur de la marine.

Pièce 6. — Carte des Isles de Ré et d'Olleron, les Pertuis d'Antioche, Breton et de Maumusson avec Partie des Costes de Poitou d'Aunis et de Saintonge. Dressée au Dépost des Cartes et Plans de la Marine Pour le Service des Vaisseaux du Roy par Ordre de M. de Moras Ministre et Secrétaire d'Etat ayant le Département de la Marine, par le Sr Bellin Ingénieur de la Marine et du Dépost des Plans, censeur Royal de l'Académie de Marine, et de la Société royale de Londres. [1757].

Cette carte, à l'échelle du 111.000ᵉ, est gravée sur cuivre. Le dessin du littoral est très exact, meilleur que celui de La Favolière reproduit dans le Neptune ; il paraît emprunté aux cartes de Masse ; mais les sondes sont à peu près toutes erronées : 100 pieds (33^m) dans la Fosse de Chevarache, 125 pieds (45^m) au sud de Chanchardon, au lieu de 60 pieds (20^m) ; à cet égard il y a infériorité manifeste sur la carte de La Favolière. Plans de villes dans le haut de la carte.

Il semble qu'on ait utilisé les mêmes sources pour dresser la carte suivante, qui est anonyme :

Carte du pays d'Aulnis, avec les Isles de Ré, d'Oleron et Provinces voisines. Dressée en 1756.

Biblioth. nationale, Cartes, C 10178, Kl 993, 997 (3 exemplaires).

Construite à l'échelle de 182.000ᵉ, elle ne diffère pas de la précédente pour la partie littorale ; elle porte de nombreux détails sur le Marais, et on y relève, à 1 kilom.

au S. de l'Aiguillon le nom de la « Pointe du Coquillon »,
aujourd'hui disparue. Le fort de l'Aiguillon figure par
erreur dans l'île de la Dive.

Pièce 7. — Même carte, à plus petite échelle. On a
corrigé les indications des sondes sur le littoral d'Oléron
et dans la rade de l'île d'Aix, mais les autres ne sont pas
modifiées.

Les travaux hydrographiques de l'ingénieur Bellin
comptent parmi les plus importants de ceux qui ont été
accomplis au xviii⁰ siècle pour le service de la marine. En
dehors des deux cartes précitées, qui sont conservées à
Paris dans les archives du service hydrographique de la
marine, il existe d'autres documents émanés du même
auteur que nous avons trouvés à Rochefort.

Au dépôt des Cartes et Plans de ce port, nous avons
pu mettre la main sur le suivant, qui était égaré parmi des
papiers de rebut : *Carte réduite du Golphe de Gascogne,
seconde Edition de 1757, Dressée au dépost des Cartes Plans
et Journaux de la marine pour le service des Vaisseaux du Roy
par ordre de Mᵣ de Moras Controlleur général des Finances
Secrétaire d'Etat, ministre de la Marine par Mᵣ* BELLIN
ingénieur de la marine.

Remarque. Les Sondes ont été placées suivant le Journal et
les observations de Mᵣ de Périgny Lieutenant de vaisseau chargé
par le Roy en 1750 et 1751 de sonder dans ces passages pour en
assurer la navigation et les attérages au retour des voyages de
Long Cours.

On n'a pas marqué la nature du fond de chaque sonde qui
aurait fait ici beaucoup de confusion...

Reproduite dans l'édition du NEPTUNE de 1773, cette
carte ne donne qu'un dessin approximatif du littoral ; son

objet essentiel est de fournir l'état des profondeurs, qui sont indiquées jusqu'aux fonds de 200 brasses.

En 1764, sous l'inspiration de Choiseul, Bellin publia son œuvre capitale : LE PETIT ATLAS MARITIME, *Recueil de Cartes et Plans des Cinq parties du monde en cinq Volumes. Par ordre de M. le duc de Choiseul, Colonel général des Suisses et Grisons, Ministre de la Guerre et de la Marine. Par le Sr BELLIN ingénieur de la marine.*

5 volumes gr. in-4°.

Bibliothèque de la Marine, à Rochefort, *1102.*

Edité presque entièrement aux frais du ministre de la marine [1], cet atlas ne renferme pas moins de 589 cartes, presque toutes de détail, et consacrées aux « Baies et Ances, Rades, Mouillages, Entrées des Rivières, Ports et Places Maritimes ». Ce travail était « *unique dans son genre* » [2].

Bellin rend hommage dans sa préface à l'initiative de Choiseul :

Les vues de M. le duc de Choiseul, en ordonnant cet ouvrage, ont été de rendre le dépôt des Cartes et Plans de la Marine de plus en plus utile, non seulement aux Officiers des Vaisseaux du Roi et à tous les navigateurs, mais aussi à tous les militaires dont les connoissances sur le local et sur l'état des lieux ne sauroient être trop étendues.

On sait que c'est de ce dépôt que sont sorties des suites de Cartes Marines, connues aujourd'hui dans l'Europe sous le nom de l'HYDROGRAPHIE FRANÇOISE, et dont les navigateurs des différentes nations se servent avec confiance. Auteur de ces cartes, dont j'ai publié la première en 1727, j'ai tâché de les rendre les plus justes qu'il étoit possible, corrigeant plusieurs erreurs préjudiciables à la navigation, qui se trouvaient dans les cartes Angloises et

1. Préface, p. 3.
2. Ibidem.

Hollandoises, dont on étoit forcé de se servir, puisque personne en France ne s'étoit, de ce siècle-ci, livré à l'étude et à la construction des Cartes Marines ; et j'en ai rendu compte par des Mémoires particuliers.

Le tome V, qui renferme 132 cartes, est consacré à la France : *Costes de France et places maritimes sur l'Océan et sur la Méditerranée*. 1764.

Carte 18. — Carte des costes de France depuis Brest jusqu'à Bayonne. 1761.

C'est une réduction au 1450000ᵉ de la grande Carte de 1757.

73. — Cours de la Rivière de Loire depuis la mer jusqu'à Nantes.

Rectification, au 132000ᵉ, de la carte du Neptune.

75. — Carte de la Baye de Bourneuf et des isles de Bouin et de Noirmoutier.

Mauvaise carte, à la même échelle que la précédente ; nombreuses erreurs.

76. — Poitou, Aunis et Saintonge. — 1/1712000.

77. — Plan du Bourg et Fort de la Chaume et des Sables d'Olonne. — 1/7300.

78. — Carte de l'Ile de Ré. — 1/51.000.

Le dessin est exact, mais les sondes ne le sont pas.

79. — Plan de Saint-Martin de Ré. — 1/8000.

80. — Carte de l'Isle d'Olleron. — 1/51000.

Indique l'existence d'un *chenal neuf de la Perotine* à 1/8 de lieue au N. du *chenal Vieux* ; au Sud de celui-ci s'ouvrent le *chenal d'Arsan* et le *chenal de la Braude*.

81. — Plan des Ville et Citadelle de l'Isle d'Olleron. — 1/8000.

82. — Carte des rades de la Rochelle et environs. — 1/51000.

Bon dessin de la côte. Les sondes, peu nombreuses, ne paraissent pas très sûres.

83. — Plan de la Rochelle. — 1/8000.

84. — Plan de l'Isle d'Aix. — 1/13000.

85. — Carte de l'Entrée de la Charente et Environs de Rochefort. 1/102000.

Brouage est à 500 mètres de la mer.

86. Plan de Rochefort. — 1/8000.

87. — Pertuis de Maumusson et Rivière de Seudre. — 1/51000.

Bon dessin de la côte. Indique des fonds de 25 pieds (8^m) entre l'embouchure de la Seudre et le Château d'Oléron.

Serv. hydr., Portef. 52, Division 6.

16 plans : Saint-Martin, le Fort de la Prée, Redoute de Sablanceau et Fort du Martray. — De 1665 à 1750 ; en *3* et *4*, plans par la Favolière, de 1672, 73 et 74.

Division 8. — Ile d'Oléron.

Pièce 1. — Carte topographique de la partie des Costes de l'Isle d'Oléron ou les ennemis pourroient tenter quelque descente. 1674.

Pièce 2. — Extrait de la précédente.

Pièce 3. — Carte générale de l'Isle d'Olleron seïtuée sur les Costes d'Aunis et Xaintonge, distante de la plus proche terre ferme du Passage d'Hors au fort du Chapus de 900. Toises. Veüe de Basse mer.

Les sondes sont indiquées en pieds. Belle carte très soignée.

Sans date (postérieure à 1680).

Pièce 4. — Carte de l'Isle d'Olleron et des Costes

d'Alvers, Marennes et Brouage, avec les bancs de sables et rochers qui descouvrent de basse mer. Levé géométriquement par N. GUERRIER, Ingénieur ordinaire du Roy en l'année 1696.

Cette carte au 21500ᵉ paraît dériver des mêmes levés que la pièce 3. Elle est beaucoup moins riche en sondes.

Pièces 5 et 6. — Deux plans sans intérêt de la côte orientale (1701 et 1702).

Pièce 7. — Plan des Rades des Grandes et Petites Trousses avec les Sondes de Basse Mer. Par VAUDIN, hydrographe du Roy.

Pièce 8. — Carte de l'Isle d'Olléron située sur la coste de Saintonge. Relative aux ouvrages faits pour sa défense [en] 1747. Fait à la Rochelle le 23 juillet 1748.

Pièce 9. — Plan de la côte occidentale et méridionale de l'île d'Oléron, représentée de basse mer dans les Malines. Levé en 1783, par ordre de Monseigneur le maréchal de Castries, ministre et secrétaire d'Etat ayant le département de la marine, sous l'inspection de M. le Cᵗᵉ de la Touche, capitaine de vaisseau et directeur du port de Rochefort, par les Sʳˢ MULLON, lieutenant de Frégate et PENEVERT, Professeur de construction de Mʳˢ les Gardes de la Marine audit port en 1783.

Carte gravée, la première qui ait été levée par un officier de marine ; très nombreuses sondes en pieds. Plans détaillés d'une série d'anses où l'on venait d'établir des balises. Des erreurs de sondes relevées plus tard ont été rectifiées dans une 2ᵉ édition, en 1814 (*pièce 10*).

Division 9. — Cinq plans relatifs aux ports d'Oléron.

Division 10. — *Pertuis de Maumusson.*

Pièce 1. — Couraud d'Olleron. — Sans date ; pas de sondes.

Pièce 3. — Plan de Maumusson (1760), par ARNOUL DUGAY, pilotin. — Mauvaise carte.

Pièce 4. — Plan de l'entrée de Maumusson, d'après les observations faites par A^d DUGAY, enseigne de vaisseau les 24, 25 et 27 prairial l'an 3e, rectifié le 12 thermidor et le 6 frimaire l'an 5e. Nota : les sondes sont prises par pieds, de basse mer et rectifié [*sic*] en dernier le 10 prairial l'an 6e.

Pièces 5 à 14. —Série de levés du pertuis de Maumusson, faits entre 1800 et 1818.

Ile d'Aix.

Carte Topo-graphique de l'Isle d'Aix, dédiée et présentée au Roi, Par son très humble, très obéissant, très fidèle serviteur et sujet, le Chevalier DE BEAURAIN, géographe ordinaire de Sa Majesté et cy–devant de l'éducation de Monseigneur le Dauphin. Le 1er Octobre 1757.

Bibl. Nat., Cartes, *C 18570 (88)*.

Echelle du 2267e. Cette carte gravée donne l'état des cultures, l'indication des récifs, mais ne porte pas de sondes. En annexes : plans de Rochefort, du Fort de Fouras et de l'Isle Madame, et Carte marine des côtes de l'Aunis, du Brouageois, du Bas Poitou et des Isles de Ré, d'Oléron, d'Aix, Dieu, et Madame, au 304000e. Cette dernière, beaucoup moins exacte que la carte du Neptune, est sans valeur[1].

1. M. A. PAWLOWSKI a publié en 1900 une *Carte-plan de l'île d'Aix, dressée par Cornuau, en 1672* (Bull. Géogr. hist. et descript., 1900,

PORTS DU CONTINENT

Division 2. — *Saint-Gilles-sur-Vie.*

Pièce 1. — Plan du Port de Saint-Gilles-sur-Vie, mai 1690.

Pièce 2. — Plan du Port de Saint-Gilles sur la rivière de Vye, par le chevalier ISLE, 20 janvier 1788.

Reproduction de la pièce 1.

Division 3. — *Sables d'Olonne.*

Pièce 1. — Plan des Sables d'Olonne, par le Chevalier de SAINTE-COLOMBE (1669). — Aucune sonde.

Pièce 2. — Plan du fort de la Chaume devant les Sables d'Olonne.

p. 174-176) qu'il a trouvée aux Archives Nationales ; faute de l'indication de la cote, nous n'avons pu retrouver cette carte aux Archives.

Le même auteur a récemment publié dans le même Bulletin (1909, p. 281-296) une étude intitulée : *L'embouchure de la Charente et l'île d'Aix, d'après la géologie, la cartographie et l'histoire*, où il signale (p. 294, note 3) quelques cartes qui avaient échappé à nos recherches. Nous en reproduisons ici les titres d'après lui.

Plan de l'île d'Aix, sans date, manuscrit.
Bibl. Nat., Cartes, C 10176.
Carte de l'île d'Aix, 1762, ms.
Bibl. nat., Cartes *(collection Valazi, n° 9)*.
Plan de l'isle d'Aix, 1762.
Bibl. nat., Est., Va, Rochefort. n° 84.
Plan d'une partie de l'isle d'Aix, avec les projets relatifs à la défense, par de MONTALEMBERT, Ms.
Bibl. Nat., Cartes, C 1282.
Plan et projet pour l'isle d'Aix.
Archives du Génie, Atlas, 151 (1766).
Carte de l'île d'Aix et des environs, par BÉRARD. 1785.
Archives de la Guerre, in f° 130.
Carte de l'embouchure de la rivière de Charente, par BLONDEAU. 25 mai 1756. 1/14400.
Archives de la Guerre.
Embouchure de la Charente et projet pour la deffense de cette rivière et Rochefort, par DE LA ROZIÈRE. 1767. 1/28800.
Ms. — Arch. de la Guerre.
(Note ajoutée pendant l'impression).

Pièce 3. — Veüe et plan des Sables d'Olonne et de sa rade, levé très juste. 1701.

A la fois plan et vue cavalière. Quelques sondes.

Pièce 4. — Carte du Port des Sables d'Olonne.

Copie de la pièce 3.

Pièce 5. — Sables d'Olonne et la Chaume vus de la rade, son mouillage et situation des batteries. Par MILET, commis aux classes aux Sables, 1695.

Pièce 6. — Plan des Sables d'Olonne et de la Chaume. Par POULET DE BREVANNE, la Rochelle, 14 juin 1701.

Pièce 7. — Plan du fort de la Chaume et partie des Sables d'Olonne.

Pièce 8. — Plan des Sables d'Olonne et de sa rade en 1702.

Pièces 9, 11, 12, 13, 15, 16. — Série de plans des Sables allant de 1706 à 1812. La *Pièce 11* (1766) porte que les marais salants situés au N. de la ville ont été « faits depuis 1700 ».

Division 7. — *La Rochelle et environs.*

Pièce 17¹ à *17¹⁰*. Série de plans anciens copiés aux archives de la Bibliothèque de la Rochelle par Mʳ BOUQUET DE LA GRYE : plans de 1573, 1575, 1590, 1621, 1720, 1758 et trois autres sans date¹.

Pièce 1. — Le Plomb, 24 nov. 1663.

Inutilisable.

Pièces 2 et 3. — Plan de la Fosse du Plomb, près de la Rochelle, telle qu'elle paroit de basse mer.

Pièce 4. — Carte de la Rochelle (sans date).

Pièce 5. — Plan de la Tour de la Rochelle.

1. Ces plans ont été étudiés par M. BOUQUET DE LA GRYE dans les *Recherches hydrographiques sur la baie de la Rochelle* (1877).

Pièce 6. — Plan de la Rochelle avec l'enceinte fortifiée.

Pièces 7 et 8. — Carte de la coste et de l'Entrée du port de la Rochelle représenté de basse mer avec la hauteur de l'eau qui y reste de maline.

Par LANDOUILLETTE. La Rochelle, 16 juillet 1695.

Cette carte au 5000ᵉ est un *document très important* pour l'histoire du port.

Pièce 9. — Bout de plan de la Rochelle. 1701.

Pièce 10. — La Rochelle, 1705. Par DE FER.

Carte gravée. Sans grande valeur.

Pièce 12. — Carte topographique des environs de la Rochelle dédiée et présentée au Roy par son très humble et très obéissant et très fidèle serviteur et sujet le chevalier DE BEAURAIN, Géographe ordinaire du Roy et cy-devant de l'Education de Monseigneur le Dauphin.

CONCLUSION

Quelle est la valeur pratique, au point de vue de l'histoire des côtes, des multiples documents analysés dans ce travail ? Quels sont ceux qui sont utilisables, et quel parti peut-on en tirer pour essayer de reconstituer l'évolution du littoral ? Telles sont les questions qui se posent naturellement à l'esprit.

A la première, nous répondrons que très peu de documents satisfont aux conditions exigées pour établir sur des bases sérieuses une histoire de la côte. Les portulans ne peuvent, de toute évidence, nous fournir par l'examen de leur dessin aucune idée de la forme véritable des rivages à l'époque où ils ont été dressés.

Il ne faudrait cependant pas rejeter en bloc cette source d'informations. Si le dessin est sans valeur scientifique, la liste des ports mentionnés sur ces cartes est précieuse à étudier. Ces documents remontent à une époque assez éloignée pour que les côtes à transformations rapides, comme celles de la baie de Bourgneuf et de la baie

d'Aiguillon, aient vu s'opérer des changements capables
d'amener la disparition de certains ports encore très
fréquentés au début du xiv⁰ siècle et qui ont été remplacés
par d'autres, placés dans des situations plus favorables.
Le fait que les bâtiments de mer abordaient au port de
Bourgneuf au xiv⁰ siècle et que l'anse du Gollet, à l'embouchure de l'Etier de Méan, servait de rade aux vaisseaux,
en un point où seules les barques de pêche peuvent
aujourd'hui passer sans s'envaser, nous prouve combien
les modifications du littoral ont été importantes en ce lieu.
Dans l'espace de six siècles, le continent s'est accru de
quatre kilomètres aux dépens de la baie. Donner un
contour précis du littoral au xiv⁰ siècle d'après ces renseignements serait évidemment impossible, mais du moins on
peut se faire une idée des progrès du colmatage d'une
manière approximative pour cette section de côte.

Il en est de même pour l'Aunis : l'indication d'un
port à Saint-Michel-en-l'Herm prouve qu'à l'époque où il
était fréquenté, la mer venait encore battre les flancs de
l'île où s'élève le village, ou tout au moins qu'elle en
approchait extrêmement près. Mais il ne faudrait pas raisonner de même à l'égard de Marans, qui est situé sur une
rivière navigable ; de ce qu'il est noté sur les portulans,
il ne s'ensuit pas que la mer dût alors parvenir jusqu'à ses
murs : le chenal de la Sèvre suffisait aux navires.

Sur la côte de la Rochelle, on voit se maintenir pendant
quatre siècles le port du Plomb, tandis que le Port Neuf,
créé au xv⁰ siècle, disparaît au xvii⁰ siècle par l'accumu-
lation des vases. Le port de l'Aiguillon commence à être
mentionné au xvi⁰ siècle sur les cartes marines à peu près
à la même date où il apparaît dans les textes d'archives.

A l'aide de cette indication, on peut mesurer avec assez de vraisemblance l'allongement subi par la flèche de l'Aiguillon jusqu'à nos jours. Néanmoins les portulans ne nous fournissent que des points de repère assez rares et dépourvus de précision.

Il y a encore moins de renseignements à tirer des cartes construites depuis la fin du xvᵉ siècle jusqu'au xviiᵉ siècle par les géographes du continent. Les erreurs y pullulent, pour la nomenclature comme pour le tracé des côtes, et il est d'une élémentaire prudence d'écarter totalement ces ébauches de la liste des documents utilisables. Elles sont très intéressantes à étudier en elles-mêmes, à comparer les unes avec les autres, mais toute leur valeur s'arrête là. Elles n'ont rien à voir avec l'histoire des côtes.

La même critique s'applique à l'atlas de Waghenaer, curieux effort pour la représentation scientifique du littoral de l'Europe, mais qui n'a point donné les résultats pratiques que son auteur en aurait pu attendre.

Dans la première moitié du xviiᵉ siècle, trois cartes seulement doivent être retenues : les deux levés de Ré et d'Oléron faits en 1627 et la carte du marais Poitevin de Siette. Il nous faut arriver à Colbert, aux levés de Clerville, de Sainte-Colombe et surtout de La Favolière pour trouver enfin des levés dont la précision soit assez grande pour offrir des garanties sérieuses à une tentative d'histoire des côtes. On opère enfin en terrain solide ; les contours du littoral, les profondeurs de la mer peuvent être étudiés en détail. Les changements de toute nature que le xixᵉ siècle a vu s'accomplir ont permis d'évaluer la vitesse avec laquelle ils s'opèrent ; en appliquant le même taux de variation d'une manière uniforme aux époques précédentes, on arrive à constater que les différences de profondeurs que présente par exemple la carte de La Favolière avec les cartes actuelles sont en rapport direct avec ce taux de variation, ce qui est un moyen détourné de vérifier l'exactitude de cette carte. Avec Masse on arrive aux véritables levés de précision, tels qu'on les comprend aujourd'hui. Nous ignorons comment il procéda pour les effectuer, nous ne pouvons que constater l'excellence des résultats. Les différences que ses cartes présentent avec celle de l'Etat-major portent exclusivement sur les parties de côtes à envasement rapide, sauf sur un point, la falaise nord de l'île de Loix, dans l'île de Ré. Cette falaise est aujourd'hui absolument rectiligne d'E. en W. ; sur la carte de Masse, elle est accidentée d'un faible cap, de forme triangulaire, qui a disparu. Or les phénomènes d'érosion qui ont abattu cette pointe continuent à se faire sentir de nos jours ; mais leur énergie est atténuée depuis la disparition de l'obstacle, qui est assez peu ancienne pour avoir nécessité une rectification du plan cadastral de la commune.

Les cartes de Masse apportent encore la plus précieuse contribution à l'histoire des changements survenus dans la baie d'Aiguillon. On peut juger d'après elle, mieux encore que d'après celle de La Favolière, des transformations subies par la flèche de l'Aiguillon, qui avait alors la forme d'un arc de cercle, et qui est aujourd'hui rectiligne, après avoir été déplacée de plus d'un kilomètre à l'Est. L'accroissement prodigieusement rapide de la flèche de la Faute ressort aussi de l'étude de ces cartes, qui fournissent encore une foule d'autres renseignements précieux. Masse a indiqué les positions successives occupées par le port de

Saint-Michel-en-l'Herm, depuis l'époque où il se trouvait au pied de l'île jusqu'à son temps, où il avait été reporté à plus de deux kilomètres au S.-E., à l'entrée du Chenal Vieux. Grâce à ces documents si précis, on peut évaluer le gain du continent sur la mer en bordure de la baie d'Aiguillon, gain qui a avoisiné 5000 hectares dans l'espace de deux siècles et demi. Il a été beaucoup plus rapide à l'abri de la flèche de l'Aiguillon que sur la côte orientale de la Baie, près de Charron, où le vent et la houle se font trop sentir et empêchent le dépôt des vases.

A défaut des cartes de Masse, restées inédites, il est singulier que les topographes chargés de lever les côtes du Poitou pour la carte de Cassini n'aient pas utilisé la carte de La Favolière, qui était conservée au Dépôt des Cartes et Plans de la marine, ni même le Neptune français, et qu'ils aient été amenés à commettre les erreurs invraisemblables qui émaillent la partie du littoral comprise entre l'Aunis et les Sables d'Olonne. Nous ne comprenons pas comment on a pu écrire qu' « après Masse, la topographie devient définitive avec Cassini, qui dessine scrupuleusement la côte [1]. »

Dans la baie d'Aiguillon (cartes 101 et 133) le tracé du rivage N. comporte une erreur en latitude de 3 kilomètres ; il court d'E. en W. depuis l'embouchure de la Sèvre jusqu'au chenal de la Raque, en rasant au N. l'île de la Dive ; de sorte qu'il passe au S. du rivage actuel entre la Sèvre et le chenal Vieux, ce qui est inadmissible. La véritable direction de la côte à la fin du XVIIIe siècle nous est indiquée par les digues construites en 1771 et

---

1. A. PAWLOWSKI, *Le marais du Poitou à travers les âges*, Bull. Géogr. hist. descript., 1901, p. 339.

1791, qui relient l'embouchure de la Sèvre au Chenal Vieux suivant un tracé S.E.-N.W., et non E.-W. Il est à présumer que, gêné dans ses opérations par la vase molle des relais, le topographe qui a levé cette portion de côte a fait un dessin au jugé ; la carte comporte en bordure de la mer un figuré de terrain marécageux, sur lequel on lit l'indication « vases et hautes marées », ce qui prouve que le topographe n'a pas cherché à préciser la limite vraie des pleines mers. Le tracé ne concorde pas davantage avec la limite de la basse mer, qui se retirait bien au sud de l'île de la Dive.

Les erreurs sont encore plus graves pour la partie du littoral comprise entre la Dive et Saint-Vincent-sur-Jard, où elles fourmillent ; aucun des points indiqués n'est à sa place, le dessin de la côte est tout à fait fantaisiste. Prenons quelques faits au hasard. Le village de l'Aiguillon, confondu avec l'ancien fort du même nom, est porté trois kilomètres trop au Sud ; le corps de garde de la Faute a été dédoublé et placé sur chaque rive du Lay, avec une erreur de position de plusieurs kilomètres ; la Pointe du Grouin est reportée à deux kilomètres trop au N., à la hauteur du hameau de Cutet, ce qui agrémente d'une énorme protubérance cette côte si rectiligne. Il n'y a absolument rien à tirer de la carte de Cassini pour l'histoire du littoral du marais, qui est aussi mal représenté que possible. Elle a induit en erreur tous ceux qui ont cru pouvoir faire fond sur elle [1].

1. M. WELSCH (B. S. C. Géol., n° 101, p. 30), a conclu de la carte de Cassini que le Lay se jetait dans la mer en face de l'Aiguillon à la fin du XVIIIe siècle. Le fait est possible, mais la carte en elle-même ne prouve rien.

Il est curieux de constater que la carte de Cassini comporte des erreurs aussi grossières, qui sont de nature à rendre assez sceptique sur la valeur de son exactitude, généralement admise sans discussion. En fin de compte, il se trouve que c'est aux cartes marines dressées au temps de Colbert, puis aux cartes de Masse, qu'il faut recourir pour faire l'histoire récente de nos côtes de l'ouest : ce sont là les véritables documents à consulter, les seuls qui présentent une image satisfaisante du littoral avant les levés de précision entrepris au cours du XIXe siècle.

APPENDICE

APPENDICE

I

Nouveau Miroir des Voyages (Waghenaer).
1600

Advertissement de l'auctheur au lecteur sincère.

« ..... Et d'aultant qu'on voit journellement combien envye,
hayne et detraction vaillent, j'ay bien voulu aussi icy reciter en brief,
le commencement et pour suitte de cestuy mien present labeur. A
scavoir : que j'ay toujours taché, et avecque toute diligence et
soing travaillé, de construire et former mes Cartes de Compas, et
autres Cartes marines pertinemment, et intelligibles, et surtout
correctes comme il appartient, veu que non seullement le corps et
la vie, mais aussi les Navires et biens en despendent, tellement que
passé maintes années icelles miennes Cartes Marines (parlant
sans jactance) ont esté tenues en telle estime et reputation, que
les principaux et plus experts Pilotes, Maronniers, et marchants
d'estime et reputation, m'ont instamment, et passé plusieurs années continuellement sollicité et prié que pour l'avancement et
asseurance de la Navigation Marine, et pour l'aye et service des
habitants de Hollande, Zelande et Frise (qui la plupart traficquent
par mer) je voulusse mettre en lumière et faire imprimer icelles
cartes, ce que pour plusieurs raisons alors j'ay refusé, et spécialement, d'autant que mon estat ne pouvoit porter si excessifs et

grands frais qu'il convenoit pour ce faire, ce neantmoins, par l'impourtun long pourchas, des principaux Maronniers, Pilotes et marchants, et pour la bonne affection et zele que j'ay toujours porté au bien publicq, et à la postérité, et par l'instante poursuite et prière de plusieurs personnages d'estime et qualité, et parmi promesses asseurées d'assistence remarquable, comme aussi de faict et à mon contentement est advenu : J'ay finalement, avec une alaigresse et travail volontaire, prins l'œuvre en mains, et faict Imprimer l'An 1583, la première partie du miroir de Navigation Marine, contenant l'entière Navigation du ponent ou d'Ouest, sur France, Angleterre, Escosse, Irlande, Espaigne, Portugal, etc. Et ayant entendu que cestuy mien labeur avoit esté agreable et fort bien venu non seulement aux plus experts et renommez Marchands, Maronniers et Pilotes, mais aussi à aucuns Princes, Potentats, et Estatz de plusieurs Royaumes et Provinces de la Chrestienté : j'ay bien voulu mettre en lumière la deulxieme partie dudict miroir contenant la navigation septentrionale, vulgairement dicte la Navigation de l'Orient. Et pour mieux servir a toutes nations j'ay faict traduire iceluy miroir en langue . Latine, Françoise, Allemande, et autres. A fin que par ce moyen chasque nation fut accomodée et servie. Esperant que tous vrays et syncères amateurs de l'Hydrographie en prendront plaisir et contentement ; les priant de le recevoir d'aussi bon cœur que je le leur presente. D'Enckhuyse le 25. de Mars l'an 1586.

II

Routier et enseignem[ent des costes du] Pays d'Aunis, Isles de R[é et d'Olleron]

Par de Ste-Colombe, 27 février 1676.

« Il n'est rien de si nécessaire pour la seureté [de la navigation que la] justesse d'une carte. Mais elle ne suffit pas [....; un détail d'un Routier exact qui face bien observer, ou [... les marques ou balises de la terre, etc...]

Cependant elle (cette précaution) y est fort négligée ; aussy y voit on souvent perd [re des] vaisseaux, faute d'estre bien instruits de toutes ces marques [ce qui] m'a porté a en faire une recherche très exacte par la sonde et [....] justesse de leur position dans la Topographie que j'ay dressée [la carte des] costes, avec toute l'application dont j'ay peu m'aviser....

Et plusieurs des plus habiles d'entre eux (pilotes) ont fait toucher [des vaisseaux] du Roy sur les battures les plus connues, ou par ignora[nce ou par] peu d'application et d'honneur...

... Grouin du Cou deraze environ un[quart] de lieue, et est d'autant plus à craindre que l'extrémité qui est ca[chée sous] l'eau est escore et à pic ; de sorte qu'en tout temps, mais surtout [....] mer, les vaisseaux qui rangent la coste la sonde à la main ne se [méfient] pas ; parce qu'ils trouvent 5, 6 à 8 brasses tout contre et touchent [....] sans ces profondeurs diminuent que très peu...

Feuillet 2, r°
Grouin du Cou

Chavarache est une concavité qui commence insensiblement vis à vis du Liseau et acheve près de Becheron, où est sa plus grande profondeur. Il n'y a que 4 a 5 brasses d'eau sur le bord de ce gouffre du costé de l'Isle et dont d'un coup la roche est escore et escarpée et on y trouve depuis 20 jusqu'à 60 brasses sellon les endroits. Il est pourtant des Pilotes qui disent que cet abysme est insondable ; parce qu'y ayant voulu mouiller fortuitement, ils ont filé tout leur cable ; mais j'ay trouvé fonds par tout et que la plus grande profondeur n'excede pas 60 brasses.,.

V°
Concavité
de Chavarache

... Les anciens du pays m'ont fait prendre garde aux ruines d'une v[ieille] tour que la mer a renversée et où ils disent qu'estoit l'extrémité du p[ointeau] lorsqu'elle feut faite : cette pointe a cru depuis ce temps la d'une [grande] demy lieue, ce que j'atribue aux courants de la rivière de St-Be(noist).

F¹ 3, r°
Pointeau
de l'Eguillon

... Cette fosse reste presque toute a sec dans les plus basses marées ayant esté il y a 50 ans un des plus seurs et des meilleurs mouillages de toute la côte : ce sont partout des vases.

V°
Fosse de Loye

... Ce sont des roches qui se font remarquer de loin la mer brizant le plus souvent dessus : ils sont detachez de la coste et exposez aux agitations de la mer sauvage et au courant des marées qui est fort rapide en cet endroit : et cest peut estre la cause qu'on n'entend pas dire qu'il s'y perde des vaisseaux comme à Chauveau..

F¹ 4, v°
Les Antioches

... Les Antiochaux tiennent à la terre de l'isle par le peré qui porte leur nom et font une espèce de demy cercle avec les Antioches n'en estant separez que par une passe de trois pieds de profondeur.

.   .   .   .

F¹ 8, v°   Je finiray ces instructions; puisque n'ayant esté faites que pour accompagner ma carte, elle ne s'estend que depuis le Pertuis Breton jusqu'à la rivière de Charante : j'y rapporte fidellement toutes choses jusques aux moulins, pointes, chapelles, falaises et maisons de campagne, a cause de l'importance de l'usage qu'on en fait pour la conduite des vaisseaux; et s'il y manque quelque chose ce routier y supplée si avantageusement ; qu'il n'est point d'homme de mer qui ne puisse conduire seurement un vaisseau par toutes nos costes et rades de l'Aunis avec le secours de ces observations et la connaissance des terres, qui se rendra facile, à ceux mesme qui n'y auront pas esté par les veües et profils d'eterrissement que j'en ay commencez et n'ay pu achever. Je me suis aussy fort attaché au rapport de la sonde et a la qualité des fonds de la mer parce qu'en temps de brouillard, on peut par la connoitre a peu près le lieu ou lon se trouve. Fait à la Rochelle le 27 février 1676.

DE SAINTE COLOMBE.

III

Instruction de Colbert à la Favolière
29 décembre 1677

Commission au S. de la Favollière pour aller visiter et faire les cartes des costes entre les rivières de Garonne et de Loire, du 29° X^bre.

Le Roy voulant faire faire la visite et reconnoissance de toutes les costes maritimes de son royaume, et en estre informé par des cartes faites avec diligence et exactitude, et particulièrement celle des costes de la Dordogne et Gironde, et ensuite celle des costes de

Saintonge, pays d'Aulnis, ville et gouvernement de la Rochelle, ensemble des isles d'Oléron, Ré, Isle Dieu, Bouin et Noirmoutier, et des entrées des rivières estant dans l'estendüe desd. costes, Sa Majesté a fait choix du s^r de Lafavollière l'un de ses ingénieurs et géographes ordinaires pour travailler sans discontinuation aux dites reconnoissances.

Pour cet effet sad. Majesté veut qu'aussitôst que cette instruction aura esté mise ez mains dud. s^r de Lafavollière, il se serve de toutes les connoissances qu'il a déjà prises et des cartes qu'il a faites desd. costes pour satisfaire a ce qui est en cela de l'intention de Sa Majesté.

Elle veut qu'il se transporte jusqu'à Libourne, et qu'il descende la Dordogne jusqu'au bec d'Ambez, et ensuite la Gironde jusqu'à Royan, qu'il suive exactement tous les bords de ces deux rivières, visite soigneusement les lieux jusqu'où les vaisseaux peuvent monter, remarque par terre tous les endroits où des vaisseaux ennemis pourront monter et y faire des descentes, examine avec soin tous les ouvrages qui peuvent être faits, soit pour rompre ou gaster lesd. abordages, soit pour y faire les ouvrages nécessaires pour empêcher et deffendre les descentes.

Et quoy que cette visite et reconnoissance ne soit pas bien nécessaire jusqu'à Blaye, Sa Majesté veut toutefois qu'il visite les bords de ces deux rivières et les comprenne dans la carte qu'il fera de toutes ces reconnoissances. Sa Majesté veut qu'il visite plus exactement et avec tout le temps qui sera nécessaire toute la coste depuis Blaye jusqu'à l'entrée de la Gironde, qu'il suive la coste pied à pied pour la reconnoitre exactement, observe si elle est platte ou haute, s'il y a des dunes ou des falaises et rochers, toutes les ances qui se trouvent au dedans des terres, les différentes qualités de toutes les rades, et de tous les passages des vaisseaux, les abordages, soit qu'ils soient faciles ou difficiles.

En mesme temps sad. Majesté veut qu'il examine avec grand soin tous les ouvrages qui pourront estre faits, soit pour rompre et gaster lesdits abordages, soit pour y faire les ouvrages nécessaires pour empescher les Ennemis d'y descendre en cas qu'ils fussent en état de le tenter. Après avoir fait ces observations jusqu'à l'embouchure de la Gironde, Sa Majesté veut qu'il continue sur toute la coste de Xaintonge par le pertuis Mauvisson jusqu'à la rivière de Seudre ; qu'il visite pareillement les entrées

de cette rivière, la coste jusqu'à celle de Charente, et ensuite
continue les mêmes reconnoissances, tant de toute la coste que
de toutes les entrées des rivières jusqu'à celle de Loire,
l'intention de Sa Majesté estant d'avoir des cartes fort-exactes de
toutes les sinuosités de la coste depuis le bec d'Ambez jusqu'à la
rivière de Loire, de toutes les entrées des rivières, avec les remarques exactes et prises sur les lieux mesme par led. s^r de
Lafavollière sans s'en fier au raport de personne, de toutes les
rades, hauteurs et bassesses de la mer, dunes, falaises, anses et
entrées dans les terres, ensemble de tous les lieux, où les ennemis
pourroient aborder s'ils estoient assez forts pour faire des
descentes, avec des desseins particuliers de chacun endroit où ils
peuvent les faire, et des plans et devis de tous les ouvrages qui
pourroient estre faits en chacun de ces lieux, soit pour rompre ou
gaster. lesd. abordages, ou pour les fortiffier, en sorte qu'ils
pûssent estre facilement deffendus.

Sa Majesté veut qu'il fasse les mesmes observations dans les
isles de Ré, d'Oléron, Isle Dieu, Boüin et Noirmoutier.

Sa Majesté veut de plus qu'il remarque avec soin les villes,
bourgs, villages et chasteaux qui se trouvent le long de ces costes
qui pourroient servir de retraite aux ennemis en cas de descente.

Sa Majesté estimant nécessaire pour le bien de son service que
ses officiers de marine du département de Rochefort soient informés
de toutes ces observations pour s'en servir dans toutes les occa-
sions lorsqu'ils commanderont ses vaisseaux, Elle veut que led.
de Lafavollière soit accompagné du s^r de Grandfontaine capitaine
de marine, auquel il donnera part de ses observations et aura soin
de ne faire aucune reconnoissance qu'avec luy.

Et quoy que toutes ces reconnoissances puissent et doivent
estre faites toutes presque par terre, Sa Majesté ne laisse pas de
donner ordre au Sr de Demuin de luy donner un bastiment en
cas qu'il en ait besoin, et au surplus de luy donner aussy
toutes les assistances qui luy seront nécessaires. Sa Majesté
s'attend qu'il pourra faire toutes les reconnoissances cy dessus.
employées dans les deux mois de janvier et février prochains,
Et comme Elle ne peut pas douter qu'il n'ayt mis au net la carte
des reconnoissances qu'il a faites les années 1676 et 1677, Sa
Majesté veut qu'il luy envoye ladi carte avec diligence.

Elle fait escrire aux gouverneurs et Lieutenans de Sa Majesté

en Xaintonge, pays d'Aulnis, La Rochelle et Poictou de luy donner
les assistances qui dépendront de l'autorité de leurs charges.

Fait à Saint-Germain en Laye le xxix° jour du mois de décembre
1677.

(Biblioth. du Dépôt des Fortifications, ms. 205. fol. 442, année 1677.)

IV

Projet de Dérivation de la Gironde
proposé par la Favolière
1677

Rapport n° 9. . . . .

3/ Pour parvenir à ce qui a esté tant de fois projetté, touchant
le chenal ou Taillade de jonction dentre le bout de la rivière de
Seudre avcq la rivière de Geronde proche de Maiché, jen Raffrai-
chiray (de Rechef) la mesmoire, et donneray (sy dessoubs) a entan-
dre toutes les facillitez pour ce faire ; Voicy, j'ay remarqué que
la rivière de Seutre porte batteaux jusques entre Saugeon et
riberou, et monte jusqu'au Ché, qui est demie lieüe dela en gai-
gnant les Fonds de Fontenille ou il y a environ 2/3 de licüe de
terre un peu éslevée a couper, pour venir à niveau de ces fonds
de Fontenille et du ché de la largeur du chenal proietté, cest le
plus grand coup du travail qui est a faire, le reste du terrain qui
est à ouvrir pour faire et former le chenal, sera facile a remuer,
quand la première taillade sera en sa prophondeur et largeur
convenable, les courants ordinaires des deux Rivières laproffondira
et eslargira encore d'avantage, il est à noter quil est toujours
pleine mer à Mechce deux heures et demie avant la pleine mer de
ce bout de rivière de Seudre, qui naturellement feront deux courants familliers en ce chenal, au tres grand avantage de la navigation et du commerce.

4/ Cette queue de rivière de Seudre recevant une grande
abondance d'eau, de celle de Geronde, ne la rendra pas plus plaine
qua son ordinaire, combien que quelq'un mal intentionnez me

lont voulu faire entendre autrement, il nont pas remarqué ny
connu, que la mer suit toujours sa nature orizon des costes quelle
sinue, ce que le naturel nous fait voir, je n'en puis dire davantage a ce subjet, je continuray (scullemant) la suitte de ma
description, et diray que cette abondance d'eau au fond de Seudre, primée de deux heures et demie, ma fait connoistre qu'une
autre taillade (ou plutost chenal) ce pouroit aussi bien faire
de la rivière de Seudre, en le chenal de Brouage, que le précédent,
la grande nécessité et facillité quil y a de ce faire, obligera tous
les peuples de ces pays dalentour dy venir travailler et dy contri-
buer de leur possible, soubs lesperance de cette sure navigation
et commerce, outre ce, le chenal de Brouage recevra labondance
d'eau que je luy ay promise en ma description.

5) Pour cet effet jay observé l'isle de Nieulle éslevée terre
ferme, elle seilonge oistnoroist et estsuest, entourée de marais
salants qui sont abreuvés par divers chenaux, qui sortent de la
rivière de Seudre, entrautre celluy du Recoulain a Est, qui est
navigable, proffond et large, passe et enveloppe partie de la dite
isle de Nieulle, jusqu'au droit de Saint-Sorlain, jay aussy observé
le chenal de Touc, qui envelope ladite isle à l'est, ce va joindre
avec le Recoulain, qui ensemble joignent leurs eaux de toutes
marée, jusqu'au bas du bourg de Saint-Martin, ou je fixee le
commencement de la taillade, pour coupé ce deitroit eslevé qui
na qu'un petit tiers de lieüe de largeur, pour puis apres y former
le chenal de jonction, en les fonds dentre Broucq et Saint-Sorlain,
ou autrefois les eaux du chenal de Brouage y portoist batteaux
marchands, j'usquau pied de la tour de broucq ou estoient le Port
qui est a présent comblé et réduit en prairie et terre labourable.

6) Labondance des eaux qui viendroit de Geronde et de Seudre, par ces nouveaux chenaux ou taillades, ce viendroit joindre
au vieux chenal mourant de Brouage et lui redonneroit plus que
sa première vigueur, et a tous ces marais perdus, aproffondiroit
et éslargiroit le port et la passe d'entrée et sortie de Brouage, qui
autremant et sans cela, sera bientôt une ville perdus, au grand
prejudice du service du Roy (particulièrement) de la ville, et de
tous les propriétaires desd. marois.

. . . .

À bord du Yack du Roy devant Mechce sur Gironde le 20e sept.
1677.

V

Préface du Neptune Français
1693

Après tout ce que le Roi a fait pour mettre sa marine dans l'état florissant où elle est aujourd'hui, il ne manquoit à la perfection de ce grand ouvrage, que des Cartes fidelles. Et pour y parvenir S. M. a non seulement établi une Académie [l'Académie de Marine], composée des plus savants Mathématiciens et Astronomes, qui ont déterminé, par leurs observations, les latitudes et les longitudes des principaux lieux de la terre, mais elle a en même temps employé plusieurs habiles Ingénieurs et Pilotes, à lever les Côtes, tant de son Royaume que des Pays étrangers, et a fait ramasser de toutes parts les Cartes et les Mémoires qui pouvoient servir à ce dessein. Sur ces déterminations de latitude et de longitude, et sur ces Cartes et Mémoires, on a dressé ce Recueil, que S. M. a bien voulu qu'on donnât au Public. On y a apporté tout le soin et l'exactitude possible, et on a tâché de ne rien omettre de ce qui en pouvoit rendre l'usage plus facile. Comme ces cartes sont fort différentes des Cartes marines ordinaires, on a cru devoir faire à leur occasion les remarques suivantes :

REMARQUES

I. — L'on se sert dans ce recueil de cartes réduites, c'est-à-dire de celles dont les degrés de longitude sont marqués en parties égales, et ceux de latitude en parties inégales, qui vont en augmentant vers les Pôles.

V. — Les pilotes n'ont fait les corrections des cartes ordinaires, qu'à vue, étant sur la mer ; sur quoi il faut remarquer que : 1° Ils n'ont placé les Caps, les Roches, les Bancs, etc. qu'avec la boussole, qui est sujette à plusieurs défauts, tant du côté de la variation de l'aiguille, et du frottement de la chape sur son pivot, que du côté de la petitesse des degrés du carton. 2° Ils n'ont marqué les distances que par estime, laquelle est fort sujette à erreur. 3º Ils font les Baies et Hâvres qu'ils fréquentent, beaucoup plus grands que la proportion du reste des Côtes ne le permet ; et ainsi l'échelle de leurs cartes ne peut servir à les mesurer. 4º Les endroits qu'ils ne fréquentent point, sont entièrement négligés, et n'ont souvent aucune figure qui approche de la véritable. Dans les cartes de ce Recueil, au contraire, le plus grand nombre a été levé par des Ingénieurs et des Pilotes habiles, avec des instruments très exacts, et par des observations faites sur terre, et de cap en cap, et ainsi rien n'y est négligé ; et la plupart de ces Cartes sont sur un si grand point, que les baies et hâvres les plus fréquentés, y sont assez grands, quoiqu'ils conservent leurs proportions avec le reste des côtes.

IX. — Les Hollandois ont affecté de marquer sur les cartes particulières les vues des côtes, telles qu'elles paroissent de la mer, lorsqu'on est vis-à-vis ; mais de l'aveu de tous les pilotes, ces vues sont très imparfaites, et d'autant plus inutiles, que les objets qui, éloignés dans les terres, ayant été rapportés sur la côte, ne se reconnoissent plus, lorsqu'on est dans une autre situation que celle dans laquelle ils ont été levés. C'est ce qui a déterminé à ne pas mettre ces vues sur les cartes de ce recueil, mais seulement à placer les objets dans leur situation naturelle, afin que les regardant de différens points, on les vit par le travers les uns des autres, dans leurs véritables aires de vent.

XI. — Pour faciliter l'usage de ces cartes, l'on y a joint : 1º la manière de s'en servir, en expliquant les problêmes les plus ordinaires du Pilotage ; 2º Les heures des marées dans les principaux ports de l'Europe. 3º Les échelles que M. *Sauveur*, qui a dressé le reste de ces cartes et les explications, a faites pour abréger les calculs de marine.

INDEX DES NOMS PROPRES

Les noms et les chiffres en *italiques* se rapportent aux notes infrapaginales.

Il n'a pas été fait d'Index des noms de lieux, ceux-ci revenant toujours les mêmes presque à chaque page.

TABLE DES MATIÈRES

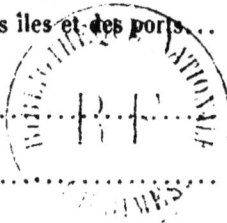

ERRATUM

———

Page 46, ligne 8, au *lieu de :* 15 milles allemands $= 97^{\text{m}/\text{m}}$, soit au 1/1144000 environ, *lire :* 5 milles allemands $= 97^{\text{m}/\text{m}}$, soit au 1/381333.

Page 61, ligne 5, au *lieu de :* en 1661, *lire :* en 1647, et qui fut réédité en 1661.

NIORT. IMPRIMERIE NOUVELLE A. CLOUZOT.

NOMENCLATURE COMPARÉE DES PRINCIPAUX PORTULANS

VISCONTE 1318	CANSIANO 1361	PIZIGANI 1373	ATLAS CATALAN 1375	VILADESTES 1413	BIANCO 1436	BENCIO 1436	ANDRÉW PORTUGAIS 1482	FREDUCCI 1514-1515	CANEPO 1502	FREDUCCI 1538	BENICASA 1548	AGNESE 1561	HOMEM 1558	DOULCERON 1550	NOMS MODERNES

FAC-SIMILE DE LA CARTE DE WAGHENAER (1583).
Extrait du *Nouveau Miroir des Voyages marins* (1600). — Réduction aux 2/5 environ. — Echelle de la figure : 1/902400

FAC-SIMILE D'UN FRAGMENT DE LA CARTE DE LA FAVOLIÈRE (1677). — Réduction aux 4 5.
Echelle de la figure : 1/81000.

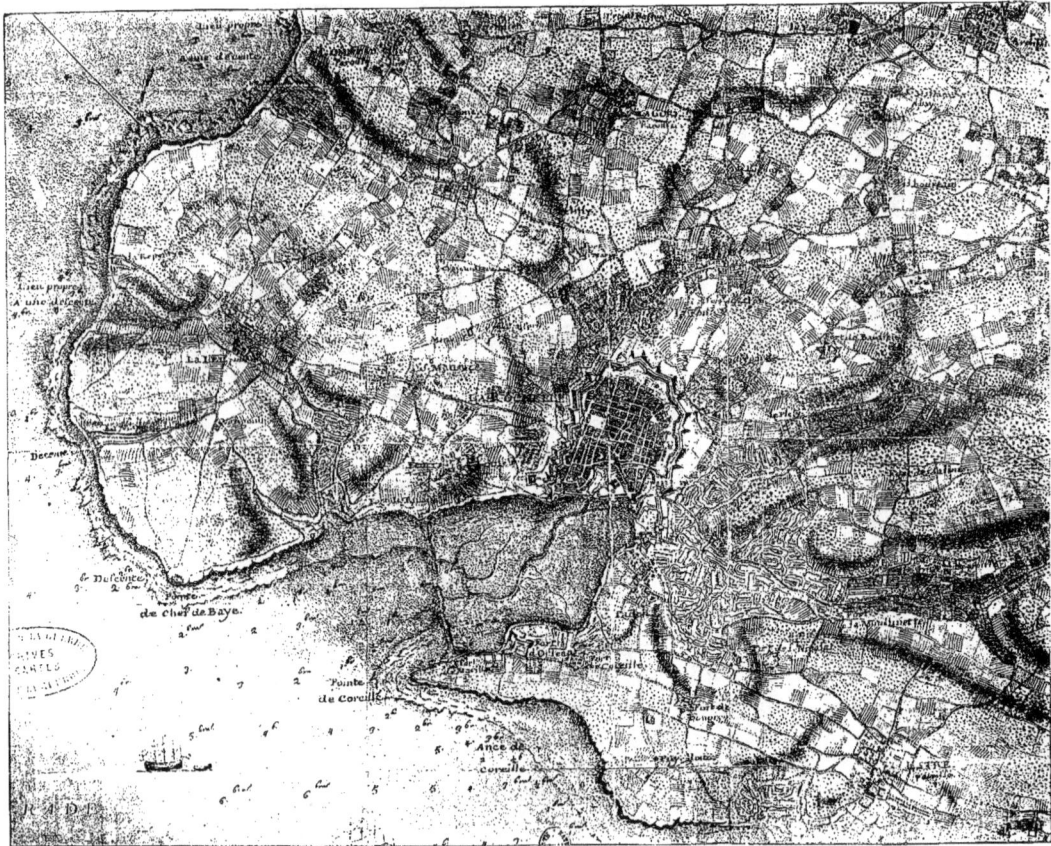

FAC-SIMILE D'UN FRAGMENT D'UNE CARTE DE MASSE : 14e partie (vers 1705). — Grandeur de l'original. — Echelle : 1/28800.